List Journalistische Praxis
Herausgeber der Reihe: Walther von La Roche

Jürgen Horsch/
Josef Ohler/
Dietz Schwiesau (Hrsg.)

Radio-Nachrichten

Ein Handbuch für
Ausbildung und Praxis

List Verlag München · Leipzig

Umschlaggestaltung: Design Team, München

1994

ISBN 3-471-78058-0

© Paul List Verlag
in der Südwest Verlag GmbH & Co. KG München
Alle Rechte vorbehalten. Printed in Germany.
Satz: Fotosatz Leingärtner, Nabburg
Druck und Bindung: Ebner Ulm

Inhaltsverzeichnis

Vorwort 9

Nachrichtengrundsätze 11

   Die Nachricht und ihr Platz im Radio 11
   Richtschnur: Objektivität 13
   Trennung von Nachricht und Kommentar 14
   Ausgewogenheit heißt: alle Aspekte 15
   Zuverlässigkeit geht vor Schnelligkeit 16
   Pressionen abwehren 17
   Nachrichten und Recht 18
   Aus dem Pressekodex des Deutschen Presserates 21

Die Einzelmeldung 23

   Aufbau der Meldung 23
   Der Leadsatz 27
   Nichts voraussetzen 32
   Quellenvergleich 33
   Zweifelsfall: Unterschiedliche Zahlen 35
   Wann Quellen nennen? 35
   »Regierungskreise« und andere anonyme Quellen 38
   Die Eigenrecherche 38
   Unter eins, zwei, drei 40
   Zeitangaben 40
   Tips 42

Die Nachrichtensprache 45

   Radio-Deutsch = Für die Ohren schreiben 45
   Sechs Sünden gegen die Verständlichkeit 47
   Die Neuigkeit ans Ende des Satzes 54
   Beim zentralen Begriff bleiben 55
   Fachbegriffe und Fremdwörter 57

Zweifelsfall: UNO, NATO, EU …	58
Nicht zu viele Zahlen	59
Richtiges Deutsch schreiben	60
Notruftelefon	61
Die indirekte Rede steht im Konjunktiv	61
Zeiten und Zeitenfolge	63
Verantwortungsbewußter Sprachgebrauch	65
Zweifelsfall: Abwertende Begriffe	69
Müssen es so viele Klischees sein?	69
Eigene und fremde Aussage unterscheiden	70
Probleme mit Orts- und Personennamen	73
Zweifelsfall: Adelsprädikate	75
Kleines sprachliches Sündenregister	75
Besondere Unwörter der Nachrichtensprache	77

Die Nachrichtensendung 78

Nachrichtenauswahl	78
Was kann in den Papierkorb?	82
Zuviel heiße Luft?	84
Protokollmeldungen	85
Bunt ja, aber nicht grell!	86
Themenvielfalt	87
Die Wirkung bedenken	88
Nur Negatives?	90
Immer etwas Neues?	90
Dramaturgie einer Nachrichtensendung	93
Rücksicht aufs Programmumfeld?	94
… und nun zum Wetter (und anderem Service)	95
Alarmzentrale Nachrichtenredaktion	96
Weitere Tips	97

Präsentation der Nachrichten 101

Der Anfang der Nachrichtensendung	101
Das Ende der Nachrichtensendung	102
Ortsmarken	103
Andere Trennelemente	105
Nachrichten in Schlagzeilen	106
Sonderfall: Nachrichtenmoderation	108

Nachrichten mit O-Tönen 110

- Grundtypen 110
- Der Korrespondentenbericht 110
- Der redaktionelle Beitrag 111
- Das Statement 112
- Das Kurzinterview 115
- Nachrichten mit O-Tönen: Pro und Contra 115

Spezialnachrichten 117

- Regionalnachrichten 117
- Lokalnachrichten 119
- Sport in den Nachrichten 121
- Hilfsmittel des Nachrichtenredakteurs 123

Die Nachrichtenquellen 124

- Die Agenturen 124
- Zweifelsfall: Dementis 130
- Agenturkürzel 130
- Ein Blick hinter die Kulissen 131
- Sperrfristen ignorieren? 134

Radionachrichten in Deutschland 136

- Weimarer Republik 136
- NS-Zeit 137
- DDR 139
- Bundesrepublik Deutschland 142
- Nachrichtenradios 145

Nachwort: Bedenkenswerte Kritik 146

Kommentierte Literaturauswahl 150

- 1. Nachrichten 150
- 2. Mediensprache 152
- 3. Medien 153

Autoren 156

Register 158

Vorwort

Radionachrichten sollen glaubwürdig, attraktiv und verständlich sein. Diese Forderung stellt sich in der Redaktion täglich neu. Und stündlich tauchen dazu Fragen auf: Können wir uns auf diese Quelle verlassen? Müssen wir dieses Politikerinterview aufgreifen? Soll noch was Vermischtes in die Sendung? Kann dieser Leadsatz griffiger werden? Stimmt hier der Konjunktiv?

Das Buch »Radio-Nachrichten« will zeigen, wie man diese und viele andere Fragen im Nachrichtenalltag richtig beantwortet. Das geschieht Schritt für Schritt und wird durch zahlreiche Beispiele erläutert. Die Autoren, allesamt Praktiker, beschreiben, wie eine Meldung aufgebaut ist, und wie man einen packenden Einstieg formuliert. Der Leser erfährt, was Radiodeutsch vom Agentur- und Zeitungsdeutsch unterscheidet, und vor welchen stilistischen Unarten er sich hüten muß, wenn er Nachrichten formulieren will. Das Buch untersucht die Kriterien für die Auswahl von Nachrichten und gibt Tips für den Umgang mit Dementis, Sperrfristen und anderen Zweifelsfällen. Ein Kapitel stellt die verschiedenen Präsentationsformen vor, ein anderes den Einbau von O-Tönen.

Außerdem schildern die Verfasser die Arbeitsbedingungen in Lokal- und Regionalredaktionen und zeigen, wie wichtig auch Sportmeldungen für Nachrichten sind. Sie machen mit den Grundsätzen der Nachrichtenarbeit vertraut, beleuchten die Entwicklung der Agenturen und blicken schließlich auf 70 Jahre Nachrichtengeschichte in Deutschland zurück.

Die »Radio-Nachrichten« sind 1983 zum ersten Mal als ARD-interne Broschüre erschienen. Sie wurde mehrfach nachgedruckt, 1987 überarbeitet und ergänzt. Die jetzige Neuausgabe baut auf der bewährten Broschüre auf, ist aber wesentlich umfang- und inhaltsreicher. Viele Beiträge sind neu, die anderen wurden größtenteils umgeschrieben. Die Autoren trugen damit u.a. der Tatsache Rechnung, daß in Deutschland mit den neuen Ländern auch neue Sender entstanden sind, und daß sich die öffentlich-rechtlichen und privaten Sender auch im Nachrichtengeschäft als Konkurrenten gegenüberstehen.

Die »Radio-Nachrichten« waren als Ausbildungsbroschüre für Hospitanten, Volontäre und Jungredakteure der ARD gedacht. Sie haben aber schnell auch Leser unter jungen Radiojournalisten, Studenten und anderen Interessierten außerhalb der ARD gefunden. Auch als Buch sollen die »Radio-Nachrichten« eine verläßliche Anleitung und Handreichung bleiben für die verantwortungsvolle Arbeit als Nachrichtenredakteur im Radio.

Hamburg, Saarbrücken, Leipzig im Januar 1994
Jürgen Horsch, Josef Ohler, Dietz Schwiesau

Nachrichtengrundsätze

Die Nachricht und ihr Platz im Radio

Eine Nachricht – was ist das?
Eine »Mittheilung zum Darnachrichten«, wie die Brüder Grimm in ihrem Wörterbuch geschrieben haben?[1] Eine »deskriptive Aussage von geringer thematischer und sprachlicher Komplexität über Ereignisse«, wie der Nachrichtenforscher Westerbarkey meint?[2] Oder haben die Amerikaner Recht, wenn sie kurz und knapp feststellen: »News is what's different«?

Die Meinungen, was eine Nachricht ist und was sie auszeichnet, gehen weit auseinander. Trotz aller Differenzen besteht jedoch Einigkeit in zwei Punkten: Eine Nachricht ist nur dann eine Nachricht, wenn sie etwas Neues enthält und wenn sie sich dabei auf das Wesentliche konzentriert. Die British Broadcasting Corporation gilt als Wiege der unabhängigen, vorurteilsfreien Radionachricht, die für viele Journalisten zum Vorbild geworden ist. Für die BBC sind Nachrichten neue Informationen, die
1. aktuelle Ereignisse aller Art überall in der Welt zum Gegenstand zu haben,
2. wahrheitsgemäß und sorgfältig wiedergegeben werden,
3. auf faire Weise von ausgebildeten Journalisten ausgewählt werden, dies jedoch ohne künstliches Ausbalancieren und ohne persönliche politische Motivation oder redaktionelle Einfärbung,
4. in eine Nachrichtensendung aufgenommen werden, weil sie interessant, von allgemeiner Bedeutung oder aber in den Augen der erwähnten Journalisten für die Zuhörer von persönlichem Belang sind und
5. ohne Furcht objektiv gestaltet werden mit Blick auf die geltenden Gesetze und auf die Programmgrundsätze.[3]

»Menükarte der Tagesaktualitäten«, »Korsettstange«, »Fachwerk« oder »Flaggschiff« des Radioprogramms – welche Namen auch immer für die Radionachrichten erfunden werden, sie meinen vor allem eins: Die Nachrichten haben im Radio eine herausragende Stellung. Es gibt inzwischen kaum noch ein Programm, das Nachrichten nicht wenigstens im Stundentakt sendet. Bei den All News Stations wird die Nachricht sogar zum Programm selbst; Nachrichten sind dort im Viertelstundentakt zu hören. Bei vielen Sendern besteht auch die Möglichkeit, das laufende Programm für Blitzmeldungen zu unterbrechen.

Die Nachrichten bestimmen wesentlich das Image des Radios. Umfragen belegen das.[4] »Wer bringt die neuesten Nachrichten besonders schnell?« – Für 74 von 100 Bundesbürgern ist es das Radio, das damit vor dem Fernsehen und der Zeitung liegt. Das Radio soll zwar auch »für Entspannung und Ablenkung sorgen«. Doch das meinen weniger Bundesbürger, nämlich nur 65 von 100. In den alten Ländern sind die 50- bis 59-jährigen die eifrigsten Nachrichtenhörer, in den neuen Bundesländern die 30- bis 39-jährigen. Am geringsten ist das Nachrichteninteresse bei Jugendlichen unter 20 Jahren – in Ost und West.

Der Anteil der Nachrichtenhörer ist ständig gewachsen. Gaben 1964 noch 66 Prozent der Bundesbürger an, Nachrichten zu hören, so waren es 1990 81 Prozent. Damit erreichen die Radionachrichten mehr Menschen als die Nachrichten im Fernsehen (79 Prozent) und in der Zeitung (72 Prozent).

Warum hören die Leute Nachrichten? Die Wissenschaft hat noch keine gesicherte Anwort auf diese Frage. Fest scheint bisher nur zu stehen: Die Hörer wollen wissen, ob Ereignisse eingetreten sind oder eintreten könnten, die sie betreffen. Um sich eventuell (siehe Grimm!) *danach richten* zu können. Die Nachrichten im Radio sagen ihnen das – rund um die Uhr und an (fast) jedem Ort. Nachrichtenhören ist aber keine Weiterbildungsveranstaltung. So bitter es für die Redakteure auch sein mag: Wenn die Hörer erfahren haben, ob etwas passiert ist, was sie betreffen könnte, haben die Nachrichten ihre Funktion erfüllt. Nachrichten, die sie nicht betreffen, sind zum Vergessen da.[5]

Von »Nachrichten« und »Meldungen« ist in diesem Buch die Rede. Schiller läßt seinen »Wallenstein« sagen:

»Mir meldet er aus Linz, er läge krank,
doch hab ich sichre Nachricht, daß er sich
Zu Frauenberg versteckt beim Grafen Gallas.«[6]

Die Nachricht ist – Schiller folgend – die Information, die Botschaft, die Meldung dagegen der Vorgang, die pflichtgemäße Weitergabe dieser Information. In den Redaktionen werden heute aber »Nachricht« und »Meldung« weitgehend synonym gebraucht. So soll auch in diesem Buch verfahren werden.

[1] Jacob und Wilhelm Grimm, Deutsches Wörterbuch, Leipzig 1889, S. 103
[2] Joachim Westerbarkey, Grundlagen und Aspekte der Nachrichtentheorie. In: Communications. Die europäische Zeitschrift für Kommunikation, 3/1992, S. 283 ff.
[3] Bernd-Peter Arnold; Horst O. Halefeldt, Stündlich frei Haus. In: ARD-Jahrbuch 1987, S. 34/35
[4] Klaus Berg, Marie Luise Kiefer (Hrsg.), Massenkommunikation IV. Eine Langzeitstudie zur Mediennutzung und Medienbewertung 1964-1990, Baden-Baden 1992
[5] Karin Böhme-Dürr, Jürgen Emig, Norbert M. Sell, Wissensveränderung durch Medien, München, London, New York, Paris, 1990
[6] Friedrich Schiller, »Wallensteins Tod«, Weimar 1949, S. 203.

Richtschnur: Objektivität

In der Demokratie hat der Bürger Anspruch auf umfassende Information. Er wünscht sich diese Information unmanipuliert und möglichst meinungsfrei. Den Reim auf die Fakten will er sich selber machen. Sachliche Information ist ein Wesensmerkmal der Nachrichten. Der Redakteur muß die Dinge stets unvoreingenommen, unparteiisch und fair darstellen. Er darf nicht den geringsten Verdacht aufkommen lassen, daß er für irgendeine gesellschaftliche Gruppe Partei ergreift. Nachrichten müssen sozusagen unantastbar sein. Nur so bleibt ihre breite Akzeptanz erhalten.

Ob man das Objektivität nennt, wenn der Nachrichtenredakteur eine rein sachliche Darstellung anstrebt, ist zweitrangig. Dieser Begriff ist seit langem umstritten. Kritiker bezweifeln, daß Objektivität jemals realisierbar sei. Sie argumentieren: Erkenntnis ist stets abhängig von den Bedingungen des erkennenden Subjekts. Das trifft zweifellos zu. Auch die journalistische Arbeit wird von subjektiven Elementen beeinflußt: von Interessen, Herkunft, Bildungsstand, Schichtzugehörigkeit, Alter. Dennoch verlangt der klassische Nachrichtenkodex den Versuch, die subjektiven Elemente in der Nachrichtenformulierung auszulöschen.

Auf die Objektivitätsnorm zu verzichten, wäre sicher der bequemere Weg. Größtmögliche Genauigkeit, Vollständigkeit und Überprüfbarkeit sowie Vorurteilslosigkeit und Neutralität anzustreben, bedeutet vielfach harte Arbeit. Trotzdem müssen diese Normen bestehen bleiben. Wenn man auf sie verzichten wollte, wäre vielen journalistischen Untugenden die Tür geöffnet: Für Voreingenommenheit, Einseitigkeit, Manipulation und Bevormundung gäbe es dann kein Stoppschild mehr.

Wolf Schneider (Hrsg.), Unsere tägliche Desinformation. Wie die Massenmedien uns in die Irre führen, Hamburg 1992

Trennung von Nachricht und Kommentar

Nachrichten und Kommentare sind zu trennen. Das wird in vielen Rundfunkgesetzen ausdrücklich verlangt, in anderen stillschweigend vorausgesetzt. Hinter dieser Norm steht die Vorstellung vom mündigen Staatsbürger. Er soll sich sein Urteil selber bilden können und nicht vom Journalisten bevormundet werden. Nach einer Formel des Journalistiklehrers Werner Meyer ist es die erste Aufgabe der Journalisten, »zu berichten und nicht zu richten«.[1] Und Werner Holzer, langjähriger Chefredakteur der Frankfurter Rundschau, sagt mit Recht: »Eine Nachricht sollte von ihrem eigenen Gewicht leben.«[2]

Nicht immer haben die Medien Nachricht und Kommentar auseinandergehalten. So gab es in der deutschen Presse des 19. Jahrhunderts Phasen, in denen mehr das »Räsonnement« – also das Argumentieren – gepflegt wurde, und Zeitabschnitte, in denen das »Referat« – der kommentarfreie Bericht – im Vordergrund stand. Schlimme Erfahrungen mit kommentierten Nachrichten machte man in den Zeiten der Diktatur. Die Nationalsozialisten und auch die SED mißbrauchten den Rundfunk als Propagandainstrument (siehe Kapitel: Radionachrichten in Deutschland).

Seit 1945 dominieren in Westdeutschland, seit 1989 auch im Osten die liberalen Nachrichtengrundsätze, die auf angelsächsische Traditionen zurückgehen, Motto: »Comments are free, but facts are sacred.«

Diese liberale Nachrichtentradition stammt aus dem amerikanischen Zeitungswesen des 19. Jahrhunderts. Die Verleger waren damals zu der Einsicht gelangt, daß potentielle Leser beziehungsweise Käufer durch unwillkommene Meinungsäußerungen verprellt werden könnten, und das wollten sie vermeiden. Die kommerzielle Zielsetzung ist auch heute noch das überzeugendste Argument für die Agenturen, wertungsfrei zu berichten. Das Argument läßt sich ohne weiteres auf die Radionachrichten übertragen. Auch sie sollen keinen potentiellen Hörer verprellen. Wichtiger Bestandteil der Nachricht sind vielfach aber auch kurze Erläuterungen und Anmerkungen zur Vorgeschichte. Diese Erläuterungen nennt man auch *Faktendimensionierung.* Sie sollte so formuliert sein, daß kein Hörer sie als unzulässige Kommentierung mißverstehen kann.

[1] Werner Meyer, Journalismus von heute, Percha 1979, S. 17
[2] ebenda

Ausgewogenheit heißt: alle Aspekte

Die einzelne Nachrichtensendung kann nicht ausgewogen sein. Wer versuchen wollte, in Themen und Standpunkten Ausgewogenheit herzustellen, der wäre gezwungen, andere Normen außer acht zu lassen, beispielsweise Aktualität und Objektivität. Wenn die CDU einen Bundesparteitag hat, ist es zwangsläufig, daß diese Partei in den Nachrichtensendungen für einige Tage ein Übergewicht bekommt. Und das gilt natürlich genauso für die SPD und andere Parteien. Es gibt einfach Tage, da beherrscht die eine Gruppierung die politische Szene.
Mit Ausgewogenheit kommt man da nicht weiter, höchstens wenn man den Begriff im Sinne von unparteiisch, sachlich auslegt. Dann bedeutet Ausgewogenheit nichts anderes, als daß der Nachrichtenredakteur ein Ereignis nicht nur aus einem Blickwinkel beschreibt, sondern stets in seiner Gesamtheit, also in allen Aspekten.

Die gesamte Nachrichtengebung kann durchaus ausgewogen sein, nicht im mathematischen Sinne – 78 Zeilen SPD, 78 Zeilen CDU – sondern vom Inhalt her. Eine mathematische Ausgewogenheit zwischen Regierung und Opposition ist schon deshalb nicht möglich, weil jede Regierung eine Art Bonus hat. Eine Regierung agiert, die Opposition reagiert. Über beide muß aber fair und angemessen berichtet werden, also ausgewogen.

Auch kleine Gruppen der Gesellschaft sind in der Berichterstattung gebührend zu berücksichtigen. Diesen Minderheitenanspruch hat das Bundesverfassungsgericht schon 1961 bestätigt. Abwegig erscheint es allerdings, gerade kleinen Gruppen – sozusagen kompensatorisch – ein überproportional großes Meinungsforum zu schaffen. Wenn sie etwas Neues, Wichtiges und Interessantes zu sagen haben, wird es gebracht.

Zuverlässigkeit geht vor Schnelligkeit

Nachrichten genießen beim Publikum großes Vertrauen. Nachrichtenredakteure müssen schon aus eigenem Interesse alles dafür tun, daß dieses Vertrauen erhalten bleibt. In der Praxis heißt das: peinlichste Beachtung der journalistischen Sorgfaltspflicht. Jede Meldung sollte grundsätzlich so geschrieben sein, als ob jeder Hörer in der Lage wäre, den Inhalt nachzuprüfen.

Die Schnelligkeit der Berichterstattung im Radio führt allerdings dazu, daß Radiomeldungen besonders anfällig für Fehler sind. Was bis zum Redaktionsschluß der Tageszeitung längst korrigiert ist, geht in den stündlichen oder halbstündlichen Hörfunknachrichten oft genug falsch über den Sender und muß mühsam richtiggestellt werden. Außerdem ist es unvermeidlich, daß manche Meldungen zunächst unvollständig sind (`Einzelheiten sind noch nicht bekannt`) **oder offene Widersprüche enthalten** (`Nach Angaben des Flughafens verlief die Bruchlandung glimpflich, die Polizei spricht dagegen von einem Toten und drei Verletzten`). In vielen Fällen kann sich der Redakteur aus der Klemme helfen, indem er selbst zum Telefon greift. Etwas Hilfe bietet auch die ge-

genseitige Kontrolle, das heißt das Gegenlesen der geschriebenen Nachrichten durch einen Kollegen oder den Chef vom Dienst (CvD).

Aber auch der CvD ist nicht allwissend. Wenn Zweifel überwiegen, muß die Redaktion den Mut haben, eine Information, die vielleicht gar keine ist, zurückzuhalten. Denn im Zweifel gilt die Devise: Zuverlässigkeit geht vor Schnelligkeit.

Pressionen abwehren

Staatliche Stellen, Parteien und andere gesellschaftliche Gruppen sind daran interessiert, häufig im Rundfunk genannt zu werden und dabei in einem möglichst günstigen Licht zu erscheinen. Sie versuchen, dieses Interesse auch durchzusetzen. Wie das geschieht, ist unterschiedlich. Es reicht von beiläufig geäußerter Kritik bis zu massiven schriftlichen Beschwerden. Meist wird dabei der Vorwurf erhoben, das Gebot der Ausgewogenheit sei verletzt worden. Dies ist aber ein Vorwurf, der die Nachrichten kaum trifft (siehe Beitrag »Ausgewogenheit heißt: alle Aspekte«). Nur die professionellen Kriterien des Redakteurs dürfen für die Auswahl maßgebend sein. Nachrichtenchefs, Chefredakteure, Programmdirektoren und Intendanten tun deshalb gut daran, jeden Druck auf Nachrichtenredaktionen abzuwehren.

Kritik kommt vielfach direkt in die Redaktionen, etwa über das Telefon. Diese Beschwerden hat der Redakteur höflich zu beantworten, er darf sie aber nur nach seinen beruflichen Kriterien prüfen. Kommt er zu dem Ergebnis, daß er sich korrekt verhalten hat, sollte er den Anruf so schnell wie möglich wieder vergessen. Keinesfalls darf der Gedanke auf seine Arbeit Einfluß haben, er könne sich Unannehmlichkeiten einhandeln, indem er etwas Bestimmtes tut oder unterläßt. Hans D. Jarass[1] hat darauf hingewiesen, daß der verfassungsrechtlich gewährleistete Freiheitsbereich und der Schutz gegenüber Anforderungen von außen und von »oben« bei den Nachrichten besonders groß sind. Der Nachrichtenredakteur muß diesen Freiraum aber auch nutzen.

Auf keinen Fall sollte er sich verunsichern lassen und Themen scheuen, an denen er sich einmal die Finger verbrannt hat. Dies wäre eine Art Selbstzensur, die »Schere im Kopf« oder der »vorauseilende Gehorsam«. Kein Zweifel: Selbstzensur hindert den Redakteur an seinem Auftrag, unter aktuellen Informationen die auszuwählen, die für seine Hörer wichtig und interessant sind. Das Teuflische ist nur, daß ihm dieser Verhinderungsmechanismus meistens nicht bewußt wird.

1 »Der rechtliche Rahmen für die Arbeit eines Nachrichtenredakteurs«. In: »Rundfunk und Fernsehen«, 1980/3

Nachrichten und Recht

Jeder Nachrichtenredakteur hat bei seiner Arbeit einen großen Spielraum. Allerdings muß er bestehende Gesetze beachten. Wenn Tatsachen zum Beispiel nur behauptet, aber nicht belegt sind, setzt sich der Nachrichtenredakteur der Gefahr einer straf- oder zivilrechtlichen Verfolgung aus.

Das Grundgesetz der Bundesrepublik Deutschland ist die rechtliche Grundlage für die Arbeit des Nachrichtenredakteurs. In Artikel 5 werden die Freiheit der Äußerung und Verbreitung von Meinungen, die Freiheit der Information sowie die Freiheit von Presse, Film und Rundfunk garantiert. Unter Rundfunk versteht das Grundgesetz Hörfunk und Fernsehen. Der Wortlaut der einschlägigen Absätze von Artikel 5:
»1. Jeder hat das Recht, seine Meinung in Wort, Schrift und Bild frei zu äußern und zu verbreiten und sich aus allgemein zugänglichen Quellen ungehindert zu unterrichten. Die Pressefreiheit und die Freiheit der Berichterstattung durch Rundfunk und Film werden gewährleistet. Eine Zensur findet nicht statt.
2. Diese Rechte finden ihre Schranken in den Vorschriften der allgemeinen Gesetze, den gesetzlichen Bestimmungen zum Schutze der Jugend und in dem Recht der persönlichen Ehre.«

Der Informationsanspruch des Journalisten und entsprechend eine *Auskunftspflicht der Behörden* ergeben sich aus dem öffentlichen Auftrag des Journalisten. Alle Bundes-, Landes- und Gemeindeverwaltungen sind verpflichtet, Auskünfte zu erteilen, die der Erfüllung journalistischer Aufgaben dienen. Ausnahmen liegen nur vor, wenn in ein schwebendes Verfahren eingegriffen wird oder berechtigte Interessen der Allgemeinheit oder Einzelner berührt werden.

Das Zeugnisverweigerungsrecht des Journalisten soll einen Informanten – dessen Namen und seine Information – schützen. Jeder Journalist hat deswegen das Recht, bei Vernehmungen durch Polizei und Staatsanwalt sowie in Gerichtsverhandlungen die Aussage zu verweigern.
Das Zeugnisverweigerungsrecht wird ergänzt durch ein *Beschlagnahmeverbot* und ein *Durchsuchungsverbot* in Redaktionen. Dieses Verbot sichert zusätzlich die Anonymität des Informanten.

Die Sorgfaltspflicht schreibt vor, daß alle Nachrichten vor ihrer Verbreitung mit der nach den Umständen gebotenen Sorgfalt auf Wahrheit, Inhalt und Herkunft geprüft werden müssen. Allerdings ist es für den Redakteur nicht erforderlich, Meldungen der anerkannten Nachrichtenagenturen noch einmal nachzuprüfen. Hier muß eine Art Vertrauensvorschuß gelten. Dennoch bleibt die Verantwortung für die Nachrichtensendung beim Redakteur.

Das Recht der Gegendarstellung soll privaten und juristischen Personen die Möglichkeit geben, veröffentlichten Behauptungen zu widersprechen und sie aus der eigenen Sicht darzustellen. Dabei dürfen nur Tatsachenbehauptungen gegen Tatsachenbehauptungen gestellt werden. Die Redaktion kann nicht daran gehindert werden, die Gegendarstellung mit einem eigenen Vor- oder Nachwort zu versehen.

Bei Namensnennung gilt die Sorgfaltspflicht vor allem im Blick auf Persönlichkeitsrechte des Einzelnen. In jedem Einzelfall muß geprüft werden, ob das öffentliche Informationsinteresse die mit der Namensnennung verbundene Bloßstellung rechtfertigt. Die Quellen müssen zuverlässig sein.

Im Bereich des Strafrechts müssen Nachrichtenredakteure und Korrespondenten zahlreiche Paragraphen beachten, die für

sie wie für jeden Bürger gelten. Hier eine kleine Auswahl aus dem Strafgesetzbuch:
§ 111 Öffentliche Aufforderung zu Straftaten
§ 130 Volksverhetzung
§ 131 Gewaltdarstellung, Aufstachelung zum Rassenhaß
§ 140 Billigung von Straftaten
§ 164 Falsche Verdächtigungen
§ 185 Beleidigung
§ 186 Üble Nachrede
§ 187 Verleumdung
§ 203 Verletzung von Privatgeheimnissen
§ 240 Nötigung

Der Schutz der Ehre eines Menschen wird vor allem durch die Paragraphen 185 bis 187 Strafgesetzbuch garantiert. Ergänzend zum strafrechtlichen Schutz gibt es einen zivilrechtlichen Schutz, also einen Anspruch des Geschädigten auf Unterlassung, Berichtigung oder Schadenersatz. Die drei Tatbestände Beleidigung, üble Nachrede und Verleumdung unterscheiden sich wie folgt voneinander:

Beleidigung ist die vorsätzliche Mißachtung oder Nichtachtung eines anderen. *Üble Nachrede* begeht, wer über einen anderen eine Tatsache behauptet und verbreitet, die diesen verächtlich macht oder ihn in der öffentlichen Meinung herabwürdigt. Es muß lediglich das Bewußtsein vorhanden sein, daß die behauptete Tatsache geeignet ist, den anderen verächtlich zu machen. Eine *Verleumdung* begeht, wer wider besseres Wissen in Beziehung auf einen anderen eine unwahre Tatsache behauptet und verbreitet, um ihn verächtlich zu machen oder in der öffentlichen Meinung herabzuwürdigen.

Wahrnehmung berechtigter Interessen: Die Strafbarkeit bei Beleidigung und übler Nachrede kann entfallen, wenn die Ehrverletzung wegen der Wahrnehmung berechtigter Interessen nicht rechtswidrig war. Vor allem das Informationsbedürfnis der Öffentlichkeit stellt ein solches berechtigtes Interesse dar. Verleumdung und der Tatbestand der Verunglimpfung des Andenkens Verstorbener können nicht durch die Wahrnehmung berechtigter Interessen gedeckt sein.

Albert Scharf, Medienrecht für Radioleute. In: La Roche/Buchholz (Hrsg.), Radio-Journalismus. Ein Handbuch für Ausbildung und Praxis im Hörfunk (List Journalistische Praxis)
Renate Damm, Presserecht. Kommentar, Percha 1985
Jörg Soehring, Das Recht der journalistischen Praxis. Recherche, Darstellung, Haftung, Stuttgart 1990

Aus dem Pressekodex des Deutschen Presserates

Über die rechtlichen Normen der Nachrichtenarbeit hinaus gibt es moralische Grundsätze, die der Deutsche Presserat in seinem Pressekodex beschreibt. Er gilt als Ehrenkodex, kann aber als Standesrecht auch juristisch relevant werden. Hier einige Auszüge:

1. Achtung vor der *Wahrheit* und wahrhaftige Unterrichtung der Öffentlichkeit sind oberste Gebote der Presse.
2. Nachrichten und Informationen sind mit der nach den Umständen gebotenen *Sorgfalt* auf ihren Wahrheitsgehalt zu prüfen. Ihr Sinn darf durch Bearbeitung weder entstellt noch verfälscht werden. Unbestätigte Meldungen, Gerüchte und Vermutungen sind als solche erkennbar zu machen.
3. Veröffentlichte Nachrichten oder Behauptungen, die sich nachträglich als falsch erweisen, hat das Publikationsorgan, das sie gebracht hat, unverzüglich von sich aus in angemessener Weise *richtigzustellen*.
4. Bei der Beschaffung von Nachrichten dürfen *keine unlauteren Methoden* angewandt werden.
6. Jede in der Presse tätige Person wahrt das *Berufsgeheimnis,* macht vom Zeugnisverweigerungsrecht Gebrauch und gibt Informanten ohne deren ausdrückliche Zustimmung nicht preis.
8. Die Presse achtet das *Privatleben* und die Intimsphäre des Menschen. Berührt jedoch das private Verhalten eines Menschen öffentliche Interessen, so kann es auch in der Presse erörtert werden. Dabei ist zu prüfen, ob Persönlichkeitsrechte Unbeteiligter verletzt werden. Die Nennung der *Namen* von Tätern und Opfern in der Berichterstattung über Unglücksfälle und Straftaten ist generell nicht gerechtfertigt.
9. Es widerspricht journalistischem Anstand, *unbegründete Beschuldigungen*, insbesondere ehrverletzender Natur, zu veröffentlichen.

10. Bei der Berichterstattung über *Gewaltandrohungen* aller Art übt die Presse Zurückhaltung, ohne die grundsätzliche Informationspflicht zu vernachlässigen. Ein abgestimmtes Verhalten zwischen Medien und Polizei gibt es nur dann, wenn Leben und Gesundheit von Opfern und anderen Beteiligten ... geschützt oder gerettet werden können.
12. Niemand darf wegen seines Geschlechts, seiner Zugehörigkeit zu einer ethnischen, religiösen, sozialen oder nationalen Gruppe *diskriminiert* werden.
13. Die Berichterstattung über schwebende *Ermittlungs- und Gerichtsverfahren* muß frei von Vorurteilen sein. Vor allem: keine Namen von Straftätern, Opfern, Verdächtigen. Bei Amts- und Mandatsträgern kann die Namensnennung zulässig sein, wenn ein Zusammenhang zwischen Amt und Mandat und einer Tat gegeben ist.
14. Bei Berichten über *medizinische Themen* ist eine unangemessen sensationelle Darstellung zu vermeiden, die unbegründete Befürchtungen oder Hoffnungen wecken könnte.
15. Wer sich für die Verbreitung oder Unterdrückung von Nachrichten *bestechen* läßt, handelt unehrenhaft und berufswidrig.

Aus: Deutscher Presserat: Publizistische Grundsätze, (Pressekodex), Richtlinien für die Publizistische Arbeit, Beschwerdeordnung, Bonn 1992
Weitere Literatur: Trägerverein des Deutschen Presserates e.V. (Hrsg.), Schwarz-Weiß-Buch, Spruchpraxis des Deutschen Presserates, Bonn 1990

Die Einzelmeldung

Aufbau der Meldung

Die Nachricht soll dem Empfänger so direkt und so verständlich wie möglich Informationen vermitteln. Dazu hat sie eine ganz bestimmte Form, die sich grundlegend von der eines Berichtes, einer Reportage oder eines Kommentars unterscheidet. Diese Form wird von festen Regeln bestimmt, die vor allem im angelsächsischen Journalismus entwickelt wurden.
Für Aufbau und Stil von *Radio*nachrichten, die fürs Hören bestimmt sind, nicht fürs Lesen, gilt noch eine Reihe spezieller Gebote (vgl. auch die folgenden Beiträge).

```
In heiterer Stimmung machten sich heute in Köln
20 Touristen auf den Weg in den Süden. Ihr Ziel
war Italien, wo sie zusammen einen Urlaub ver-
bringen wollten. Alles verlief auch glatt und
reibungslos. Zügig legte der Bus die Strecke
von Köln nach Stuttgart zurück. Doch dann pas-
sierte es: Der Fahrer verlor auf der Autobahn
die Kontrolle über den Bus, der mit einem Last-
wagen zusammenstieß. Zehn Insassen waren sofort
tot. Zwei starben auf dem Weg ins Krankenhaus.
Vier befinden sich noch in stationärer Behand-
lung. Nur vier blieben unverletzt.
```

Selbstverständlich ist das keine Meldung. Eine Meldung müßte genau umgekehrt aufgebaut sein, etwa so:

```
Stuttgart - Ein Reisebus mit 20 Touristen ist
heute auf der Autobahn mit einem Lastwagen zu-
sammengestoßen.
```

Das Wichtigste muß also am Anfang stehen, im sogenannten Leadsatz. Das ist das erste Gebot für den Nachrichtenredakteur. Dieser Aufbau entspricht der natürlichen Mitteilungsweise.
Nebeneffekt: Wenn den Hörer das Thema nicht interessiert, kann er bis zur nächsten Meldung weghören, zumindest darf seine Aufmerksamkeit nachlassen.

Die Struktur einer Meldung: Werner Meyer weist in seinem Lehrbuch »Journalismus von heute« darauf hin, daß sich in der Praxis folgende Nachrichtenstruktur durchgesetzt hat:

   1. Satz   K   (Kern)
   2. Satz   Qu   (Quelle)
   3. Satz   E   (Einzelheiten)
   Weiterer Text: E   (Weitere Einzelheiten)
                      H + Z   (Hintergrund und Zusammenhänge)

Auskunft auf die sechs »W«-Fragen soll die Meldung geben, auf Wer? Was? Wann? Wo? Wie? und Warum? Die ersten vier »W's« sind in der Regel wichtiger als die letzten beiden; die Antworten auf das »Wie?« und das »Warum?« können unter Umständen auch entfallen.

Den Kern der Sache sollte der Redakteur im Leadsatz nennen. Dieser erste Satz muß aber kurz und prägnant bleiben, er darf nicht überladen werden. Dann sollte der Redakteur immer wieder fragen: Was wird der Hörer aufgrund des bisher Gesagten als Nächstes wissen wollen? Auf diese Weise ergibt sich ein logischer Aufbau, der es dem Hörer erleichtert, die Meldung aufzunehmen.

Der Leadsatz `Ein Reisebus mit 20 Touristen ist heute auf der Autobahn mit einem Lastwagen zusammengestoßen` gibt dem Hörer den Kern der Nachricht und beantwortet die vier Fragen »wer?«, »was?«, »wo?« und »wann?«. Jetzt möchte der Hörer natürlich erfahren, welche Folgen der Zusammenstoß hatte.

Der zweite Satz müßte also lauten:
`Nach Angaben der Polizei sind dabei zwölf Touristen getötet worden.`
Dieser Satz erweitert die Angaben zur Frage »was?« und nennt zugleich die Quelle.

Im dritten und vierten Satz folgen weitere Einzelheiten:
`Zehn waren sofort tot, zwei starben auf dem Weg ins Krankenhaus. Vier Reisende befinden sich noch in stationärer Behandlung, nur vier Touristen und der Fahrer blieben unverletzt.`

Das »Warum?« wird im fünften Satz beantwortet, der sechste liefert weitere Details:
> Laut Polizei hatte der Fahrer die Kontrolle über den Bus verloren, war auf die Gegenfahrbahn geraten und dort mit dem LKW zusammengestoßen. Dessen Fahrer erlitt leichte Verletzungen.

Hintergrund liefert schließlich ein siebter Satz:
> Die Touristen waren auf dem Weg von Köln an die italienische Adria.

Vom Ende her kann eine so aufgebaute Meldung um mehrere Sätze gekürzt werden, ohne daß die wesentlichen Informationen verlorengehen. Aber Vorsicht: Manchmal enden Meldungen mit einem erläuternden Zusatz. Der Redakteur sollte sich gut überlegen, ob er diese Verständnishilfe preisgibt oder nicht besser an anderer Stelle streicht.

Die logische Reihenfolge der Informationen in einer Meldung wird von Anfängern häufig durcheinandergebracht. Sie schreiben beispielsweise:
> Stuttgart – Ein Reisebus mit 20 Touristen ist heute auf der Autobahn mit einem Lastwagen zusammengestoßen. Die Reisegesellschaft war auf dem Weg von Köln an die italienische Adria, wo sie einen Urlaub verbringen wollte.

Kein Hörer will zu diesem Zeitpunkt erfahren, woher der Bus kam und wohin er wollte. Der erste Satz hat Neugier und Spannung erzeugt, und der Hörer fragt: Was ist den Bus-Insassen passiert? Der zweite Satz muß die Antwort geben:
> Nach Angaben der Polizei sind dabei zwölf Touristen getötet worden.

Auch in der folgenden Meldung stimmt die Reihenfolge nicht:
> Miami – Der amerikanische Bundesstaat Florida bereitet sich auf den Hurrikan Andrew vor.
> Auf den Bahamas hatte der Wirbelsturm bereits schwere Schäden angerichtet. Nach ersten Berichten kamen vier Menschen ums Leben, zahlreiche Gebäude wurden zerstört.

> Im südlichen Florida wurden die Menschen heute aufgefordert, ihre Häuser zu verlassen und in Aufnahmelagern Schutz zu suchen. Experten erwarten an den Küsten drei bis vier Meter hohe Flutwellen.

Das Ordnungsprinzip gebietet, daß wir dem Hörer die Aussage des Leadsatzes sofort erläutern und ihm sagen, wie sich Florida denn vorbereitet. Stattdessen schleppen wir ihn auf die Bahamas und sagen ihm (möglicherweise weiß er das auch schon), was der Sturm dort angerichtet hat. Ob jeder Hörer dann den Weg nach Florida zurückfindet, ist zweifelhaft: Nur ein Augenblick der Unaufmerksamkeit, und er weiß nicht mehr, wo was geschieht. Wir haben ihn nicht informiert, sondern verwirrt. Die Nachrichtenredakteure der BBC lernen: »Führen sie den Hörer in einer klaren, logischen Reihenfolge durch die Meldung.«

Diese Forderung nach Linearität steht beim Aufbau der Meldung obenan. Wie beim einzelnen Satz muß auch die ganze Meldung die Aussage geradlinig und ohne Umweg zum Hörer transportieren. Er muß die Informationen nacheinander aufnehmen, verstehen und dann abhaken können, um Platz für die nächste Aussage zu haben. Wir können nicht von ihm verlangen, sich »unterwegs« auch noch Informationen zu merken, auf die wir dann später zurückkommen.

Damit verbietet sich für eine Radionachricht auch die Zeitungspraxis, einer längeren Meldung einen *zusammenfassenden Absatz* voranzustellen, wie im folgenden Negativbeispiel:

> Anhänger des somalischen Clan-Chefs Aidid haben heute in Mogadischu gegen die jüngsten UNO-Angriffe demonstriert. In New York rechtfertigte der Sicherheitsrat die Attacken. Die USA schickten weitere Kampfhubschrauber. Das Bundesverfassungsgericht in Karlsruhe wird morgen über die SPD-Klage gegen den Einsatz der Bundeswehr in Somalia beraten.

Ein solcher »summary lead« bietet dem Zeitungsleser gleichsam ein Inhaltsverzeichnis des folgenden Artikels. Darin werden dann die kurz angerissenen Themen nacheinander wieder aufgegriffen und ausführlich behandelt. In einer Radionachricht wäre das verwirrend, Zeit kostet es außerdem.

Der Leadsatz

Über das Schicksal einer Meldung entscheidet ihr erster Satz, der Leadsatz. Von ihm hängt es ab, ob wir den Hörer mit unserer Meldung erreichen und packen, oder ob sie an ihm vorbeigeht. Die wichtigsten Forderungen an den Leadsatz sind: Er soll die Kernaussage enthalten und den Hörer zum weiteren Zuhören motivieren. Der Leadsatz muß kurz, treffend und attraktiv sein.

Ein einfaches Mittel zur Selbstkontrolle: Kann man den Leadsatz nach einmaligem Lesen nicht auswendig wiederholen, taugt er nichts! Daraus ergibt sich, daß der Leadsatz in der Regel nur aus einem einfachen Hauptsatz bestehen sollte.

Wenn der Redakteur zuviele Informationen unterbringen will, mißlingt der Leadsatz. Er überfordert die Aufnahmefähigkeit des Hörers. Negativbeispiel:

    Bonn - Der Bundestag diskutiert seit dem Vormittag über das Schengener Abkommen zur Abschaffung der Grenzkontrollen zwischen mehreren europäischen Staaten und den damit verbundenen Antrag der Unionsparteien auf eine Änderung des Asylrechts.

Mit seinen 30 Wörtern sprengt dieser Leadsatz jeden Rahmen.

Hier hilft nur die Auflösung in mehrere Einzelsätze, etwa auf diese Weise:

    Bonn - Der Bundestag diskutiert seit dem Vormittag über das Schengener Abkommen. Es sieht vor, die Grenzkontrollen zwischen mehreren europäischen Staaten abzuschaffen. Die Unionsparteien wollen dies mit einer Änderung des Asylrechts verbinden. Sie haben einen entsprechenden Antrag eingebracht.

Auf vier – mit dem Nebensatz sogar fünf – Sätze sind die Aussagen jetzt verteilt. Den Leadsatz haben wir auf eine Länge von zehn Wörtern gekürzt. Er enthält den Kern der Nachricht. Worum es beim Schengener Abkommen geht, wird sofort im zweiten Satz erläutert, der Antrag der CDU kommt im dritten Satz. Kein

Hörer wird sich deshalb beschweren, denn jetzt kann er die Meldung verstehen.

Je komplizierter ein Thema, desto schwieriger ist es, einen kurzen und doch treffenden Leadsatz zu formulieren. Das gilt z.B. für juristische Entscheidungen, deren Kernaussage oft schwer zu vermitteln ist:

```
Karlsruhe - Mieter haben künftig gegenüber dem
Eigentumsschutz der Hausbesitzer einen gleich-
berechtigten und durch das Grundgesetz eben-
falls garantierten Bestandsschutz an den von
ihnen gemieteten Wohnungen.
```

Diesen Satz muß man zweimal lesen, um ihn zu verstehen. Fürs Hören ist er völlig ungeeignet. Eine zweite Agentur bot eine radiogerechte Fassung an:

```
Karlsruhe - Das Bundesverfassungsgericht hat
die Rechte der Mieter erheblich gestärkt. Nun-
mehr genießt auch das Besitzrecht an der ge-
mieteten Wohnung den Eigentumsschutz des Grund-
gesetzes ...
```

Leadsätze dürfen allerdings nicht zu allgemein werden, weil sich dabei leicht Wertungen, Spekulationen und Übertreibungen einschleichen:

```
Bonn - Auch die CDU tritt jetzt für eine Ergän-
zungsabgabe von Besserverdienenden ein. Der
Sprecher der CDU-Sozialausschüsse, Scharren-
broich, sagte heute ...
```

Das ist ein schöner und knapper Leadsatz. Wenn er aber nur mit der Erklärung Scharrenbroichs belegt wird, ist er falsch. Die Arbeitnehmer sind schließlich nur eine Gruppe in der Partei. **Deshalb ist** `Auch die CDU tritt jetzt ...` **zu pauschal, korrekt wäre:** `Der Arbeitnehmerflügel der CDU tritt jetzt ...`

Auch vor einem flauen Leadsatz sollte man sich hüten. Negativbeispiel:

```
München - Bundeskanzler Kohl hat mit seinen
Äußerungen zur Zukunft der Bundeswehr eine leb-
hafte Debatte über die Verteidigungspolitik
ausgelöst.
```

Ersatzlos streichen kann man den Leadsatz in folgender Meldung, er enthält nur heiße Luft:
> Duisburg – Die Krise in der Stahlindustrie hat zu einschneidenden Maßnahmen bei einem der traditionsreichsten Ruhrunternehmen geführt. Der Klöckner-Konzern beantragte heute vor dem Duisburger Amtsgericht Vergleich für drei seiner Gesellschaften ...

Inversion. Ebenso problematisch wie der banale Meldungsanfang ist es, den Leadsatz zu überspitzen. Wir tun das meistens mit der Inversion, der Umkehrung der üblichen Reihenfolge der Satzteile. An die Stelle des Subjekts rückt zum Beispiel das Objekt wie in diesem Negativbeispiel:
> Berlin – Stundenlange Straßenschlachten haben sich gestern abend mehrere hundert Jugendliche mit der Polizei geliefert.

Es ist mehr als fraglich, ob wir dem Hörer mit solchen syntaktischen Verrenkungen einen Gefallen tun. Eher erreichen wir das Gegenteil. Es passiert Radiohörern immer wieder, daß sie den Anfang einer Meldung verpassen, weil sie erst nach einem Sekundenbruchteil mit voller Aufmerksamkeit zuhören. Ein Satz mit der normalen Reihenfolge von Subjekt, Prädikat, Objekt gibt ihnen diese »Anlaufzeit«. Außerdem entspricht die Inversion nicht der normalen, ungekünstelten Sprechweise.

Der Leadsatz sollte deshalb besser lauten:
> Berlin – Mehrere hundert Jugendliche haben sich gestern abend stundenlange Straßenschlachten mit der Polizei geliefert ...

Auch der Einstieg mit der Präposition »bei« ist eine Überspitzung. Er hat sich in Zeitungen, in Agenturen und in den Radionachrichten fest eingebürgert, bleibt aber problematisch. Ein Negativbeispiel:
> Kopenhagen – Bei einem Zugunglück in der dänischen Hauptstadt sind am Morgen 20 Personen zum Teil schwer verletzt worden. Nach Angaben der Polizei waren während des Berufsverkehrs zwei Züge in einem Tunnel unter der Innenstadt zusammengestoßen ...

Hier wird aus der Hauptsache, nämlich dem Zusammenstoß von zwei Zügen, fast eine Nebensache. Kein Hörer wäre böse, wenn er die Zahl der Verletzten erst im zweiten Satz erführe, dafür aber das Wichtigste im Leadsatz:

> Kopenhagen – Zwei Züge sind am Morgen in einem Tunnel unter der dänischen Hauptstadt zusammengestoßen. Nach Angaben der Polizei wurden 20 Personen zum Teil schwer verletzt. Das Unglück ereignete sich während des Berufsverkehrs ...

Vollends unsinnig ist der »bei«-Einstieg in folgender Meldung:

> Amsterdam – Beim Absturz einer israelischen Frachtmaschine auf eine Wohnsiedlung sind am Morgen zahlreiche Menschen getötet worden.

Die Dramatik des Ereignisses wird in diesem Leadsatz versteckt. Die Meldung müßte fraglos so anfangen:

> Amsterdam – Eine israelische Frachtmaschine ist am Morgen auf eine Wohnsiedlung gestürzt. Nach ersten Berichten sind zahlreiche Menschen getötet worden.

Leadsätze dürfen auch Nebensätze enthalten. Nebensätze haben im Leadsatz immer dann eine Berechtigung, wenn wir damit schwerfällige Nominal- und Partizipialkonstruktionen umgehen oder wenigstens verbessern können. Also nicht:

> Bonn – Bundeskanzler Kohl besteht zur Finanzierung der Pflegeversicherung nicht auf der Einführung von Karenztagen.

Sondern:

> Bonn – Bundeskanzler Kohl besteht nicht darauf, daß zur Finanzierung der Pflegeversicherung Karenztage eingeführt werden.

Der Nebensatz ist hier die elegantere und verständlichere Lösung. Das trifft auch zu, wenn wir folgende Partizipialkonstruktionen umwandeln:

> Saarbrücken – Ministerpräsident Lafontaine hat die gegen ihn im Zusammenhang mit der sogenannten Rotlichtaffäre erhobenen Vorwürfe zurückgewiesen.

Nebensatzlösung:

> Saarbrücken – Ministerpräsident Lafontaine hat

die Vorwürfe zurückgewiesen, die im Zusammenhang mit der sogenannten Rotlichtaffäre gegen ihn erhoben worden sind.

Mehr über Nominal- und Partizipialkonstruktionen im Beitrag »Sechs Sünden gegen die Verständlichkeit«.

Umständliche Titel sind ein sicherer Weg, den Meldungseinstieg unattraktiv zu machen. Negativbeispiel:

Köln - Der Hauptgeschäftsführer des Arbeitgeberverbandes Gesamtmetall, Kirchner, hat die angekündigten Urabstimmungen in den neuen Ländern scharf kritisiert.

Allein die Bezeichnung der Funktion Kirchners ist eine Zeile lang. Durch den eingeschobenen und mit Kommas abgetrennten Namen wird der Leadsatz regelrecht zerhackt. Weil Kirchner für den gesamten Verband spricht, kann der Leadsatz auch so anfangen:

Köln - Der Arbeitgeberverband Gesamtmetall hat die angekündigten Urabstimmungen in den neuen Ländern scharf kritisiert. Hauptgeschäftsführer Kirchner sagte heute ..

Der Urheber dieser Meinungsäußerung ist jetzt nicht weniger präzise angegeben. Durch die Auflösung ist er aber in unauffälliger Weise in den Meldungsfluß integriert.

Auch »der wirtschaftspolitische Sprecher der CDU/CSU-Bundestagsfraktion, Ost« wird es verschmerzen, wenn wir seinen Titel portionsweise an den Hörer weitergeben, etwa so:

Bonn - Der CDU-Wirtschaftsexperte Friedhelm Ost rechnet mit einer baldigen Belebung der Konjunktur. Ost, wirtschaftspolitischer Sprecher der CDU/CSU-Bundestagsfraktion, sagte ...

Die Vergangenheitsform des Leadsatzes ist das Perfekt (vollendete Gegenwart). Beispiel:

Solingen - Über fünftausend Menschen haben gestern abend gegen Ausländerhaß demonstriert.

Es ist falsch, hier das Imperfekt zu gebrauchen und zu schreiben:

Die Einzelmeldung

> Solingen – Über fünftausend Menschen demonstrierten gestern abend ...

Mehr dazu unter »Zeiten und Zeitenfolge«.

Nichts voraussetzen

> Frankfurt/Main – Die Bundesbank hat heute die Leitzinsen gesenkt. Diskont- und Lombardsatz wurden um jeweils einen halben Prozentpunkt herabgesetzt.

Was ist der Diskontsatz, was ist der Lombardsatz? Warum macht das die Bundesbank? Ist mein Geld auf der Sparkasse davon betroffen? Viele Fragen und keine Antworten. Nur ein Teil der Hörer wird die Nachricht verstehen, aber viele werden sich über den arroganten Nachrichtenredakteur ärgern, der ihnen nicht sagt, was denn nun eigentlich in Frankfurt passiert ist.

Befragungen haben ergeben: Hörer und Zuschauer nehmen bevorzugt Nachrichten auf, mit deren Themen sie schon vertraut sind. Sie verstehen Meldungen, deren Kerninformation (Ursachen, Ereignisse, Orte, Personen, Folgen) sie mit ihrem (Hintergrund-)Wissen vernetzen können. Nachrichtenhörer wünschen sich Hintergrundinformationen – in einem Umfang, der der Kürze der Nachricht entspricht.[1]

Solche Verständnishilfen sind zu allen W-Fragen möglich:
Wer? Die OPEC-Staaten sind heute ...
Wer sind die OPEC-Staaten?
Was? Die Beratungen über einen Solidaritätszuschlag ...
Was genau soll der Bürger zahlen?
Wann? In Paraguay haben heute die ersten freien Wahlen seit dem Sturz von Diktator Stroessner stattgefunden.
Wann wurde Stroessner gestürzt? Vor zwei oder vor 20 Jahren?
Wo? Bei einem Erdbeben in Papua-Neuguinea sind 140 Menschen ums Leben gekommen.
Wo liegt eigentlich Papua-Neuguinea?
Wie? Der Landtag von Sachsen-Anhalt hat eine Kreisreform beschlossen.

Wie ist der Beschluß zustandegekommen? Erst nach wochenlangem Streit!
Warum? Politiker X ist zurückgetreten. Warum? Begründung des Politikers (»Krankheit«), tatsächliche Gründe (Affären).

Wieviel Hintergrund muß sein? Der Chefredakteur des Drahtlosen Dienstes Dradag, Josef Räuscher, empfahl 1929 seinen Redakteuren: »Das Urteil über die Fassungskraft des Hörers hat sich zu richten nach den naivsten Hörern!«[2]
Sicherlich ist ein Nachrichtenredakteur kein Erdkundelehrer, und seine Sendungen sind keine Schulstunden. Aber es muß ihm bewußt sein: Er macht Nachrichten für die Allgemeinheit und nicht für Eingeweihte, für den Durchschnittshörer und nicht für den Insider. Er muß dem Hörer über die reinen Fakten hinaus die Informationen geben, die es diesem ermöglichen, die Neuigkeit auch zu verstehen. Also lieber mehr Hintergrund als zu wenig und auch dann, wenn der Redakteur meint, daß es nun ja alle wissen müßten.

Eine kleine Sammlung von einfachen Begriffserklärungen anzulegen, die man den aktuellen Meldungen anfügen kann, ist für jede Redaktion empfehlenswert. Erklärstücke und erklärende Satzeinschübe, das belegen Gruppenversuche, wirken belebend und machen Nachrichten interessanter.[3] Zwar kostet Erläutern Sendezeit, die dann für weitere Meldungen fehlt. Doch im Zweifelsfall sollte gelten: Lieber weniger Meldungen, dafür aber verständliche.

[1] Georg Ruhmann, Rezipient und Nachricht, Opladen 1989, S. 130
  Anne Köhler, Nachrichten im Hörfunk: Gibt es Alternativen? In: Media Perspektiven, 11/1986, S. 718ff.
[2] Dradag-Jahresbericht 1928/29
[3] SWF-Medienforschung, »Nachrichten im Hörfunk«, Frankfurt am Main 1990

Quellenvergleich

Die Qualität der Radionachrichten hängt in hohem Maße davon ab, ob die Redaktion auf genügend Nachrichtenmaterial zurückgreifen kann. Allerdings muß der Quellenreichtum auch richtig ausgeschöpft werden. Dies bedeutet einmal, daß die Redaktion die Exklusivmeldungen, über die sie verfügt, konsequent nutzt. Noch wichtiger ist es aber, daß man die verschiedenen Darstellungen ein und desselben Ereignisses kritisch miteinander vergleicht und gegeneinander abwägt.

Ein Beispiel: Am 9. Februar 1993 meldet ddp am frühen Nachmittag:
```
Bonn und Warschau in Asylfrage nähergekommen.
```
Wenig später heißt es bei AFP:
```
Asylverhandlungen mit Polen ohne greifbare Er-
gebnisse beendet.
```
In beiden Fassungen folgen ziemlich nebulöse Äußerungen der Chefunterhändler. Aus denen geht nur hervor, daß die Gespräche fortgesetzt werden sollen, und daß noch Schwierigkeiten zu überwinden sind. Klarheit bringt erst die dritte Version, von AP:
```
Polen ist zu einem neuen Asylabkommen mit
Deutschland bereit, wehrt sich jedoch dagegen,
bereits jetzt in Deutschland eingereiste Asyl-
bewerber wieder aufnehmen zu müssen.
```
Die Detailangaben dieser Fassung zeigen: Weder ddp noch AFP lagen ganz falsch. Den treffenden Akzent hatte allerdings AP gesetzt.

Quellen können sich aber auch gut ergänzen. Beispiel: Am 21. Januar 1993 berichten die Agenturen über Einzelheiten eines Bonner Koalitionspapiers zu dem angestrebten Solidarpakt. In einer Meldung ist von einer Kürzung der Sozialhilfe und von Einschränkungen beim Arbeitslosengeld die Rede, in einer anderen heißt es, das Kindergeld solle künftig vom Einkommen abhängig sein, und die Bafög-Erhöhung werde um zwei Jahre verschoben. Das läßt den Schluß zu, daß CDU/CSU und FDP die Sozialleistungen stutzen wollen. Die Einzelheiten kann der Redakteur nur unter Vorbehalt – d.h. unter Hinweis auf die jeweilige Agentur – in seine Nachrichten aufnehmen.

Kritischer Quellenvergleich heißt freilich nicht, Agenturtexte auf den kleinsten gemeinsamen Nenner zu bringen. Vielfach müssen unterschiedliche Agenturangaben den Redakteur veranlassen, selbst der Sache nachzugehen (siehe Beitrag »Die Eigenrecherche«).

Im übrigen darf er auch in den Zeiten des größten Materialanfalls nicht vor der Stoffmasse kapitulieren. Selbst in diesen Streßsituationen ist er nicht von der Pflicht entbunden, die vorhandenen Quellen auszuschöpfen und kritisch zu vergleichen.

Zweifelsfall: Unterschiedliche Zahlen.

Problem: Bei einem Unglück melden die Agenturen unterschiedlich hohe Zahlen von Toten und Verletzten.
Empfehlung: Wenn's wirklich wichtig ist, bei den Agenturen oder bei den zuständigen Behörden nachfragen! Wenn's nicht so wichtig erscheint, die niedrigste Zahl nehmen, möglicherweise ergänzt mit der höchsten. `Bei dem Unglück kamen mindestens 10 Menschen ums Leben. Die Nachrichtenagentur X spricht sogar von 18 Toten.`

Wann Quellen nennen?

Die wenigsten Meldungen, die in einer Nachrichtensendung ausgestrahlt werden, sind vom Redakteur selbst recherchiert. Wenn eine einzige Nachrichtensendung z.B. Meldungen aus Washington, Paris, Moskau, Neu Delhi, Johannesburg, München und Potsdam enthält, stammt zwangsläufig der weitaus größte Teil der Informationen aus zweiter, dritter oder gar vierter Hand. Trotzdem trägt der Redakteur die volle Verantwortung.
Muß er also – um sich abzusichern – alle Quellen nennen, auf denen seine Mitteilung beruht? Beispiel:
`Wie dpa meldet, hat die chinesische Nachrichtenagentur Hsinhua berichtet, daß ein Regierungssprecher in Peking angekündigt hat, daß Ministerpräsident Li Peng nach Japan reisen will ...`
Eine solche Formulierung führt sich selbst ad absurdum. Den Hörer interessiert die Sache, nicht der Weg der Übermittlung. Ob die Quelle einer Meldung genannt wird, hängt vom Ereignis und der Glaubwürdigkeit der Mitteilung ab. Es gibt:

Ereignisse, die vollständig beobachtet werden können. Beispiel: ein Fußballspiel. Jeder, der eine Eintrittskarte hat, kann zuschauen. Und jeder Zuschauer kann hinterher das Ergebnis mitteilen. Niemand wird sich auf den Stadionsprecher berufen, wenn er erzählt, das Spiel sei 2 : 0 ausgegangen. Also: Quellenangabe überflüssig. Dies gilt auch für viele andere Ereignisse, bei denen der berichtende Journalist persönlich dabei ist: für Parlamentssitzungen, Demonstrationen, Kongresse.

Ereignisse, die nur teilweise beobachtet werden können. Beispiel: ein Eisenbahnunglück und seine Folgen. Vielleicht bekommt der Journalist Zugang zum Unglücksgelände. Was er dort sieht, sind aber nur chaotische Einzelheiten: zerstörte Waggons, Arbeiter mit Schneidbrennern, Särge. Um das wahre Ausmaß der Katastrophe zu ermitteln, braucht er eine Zwischeninstanz, bei der alle Informationen zusammenlaufen: die Polizei, die Feuerwehr oder die Bahnverwaltung. Diese Instanzen müssen selbstverständlich genannt werden, wenn in der Radiomeldung von der Zahl der Toten und Verletzten die Rede ist.

Ereignisse, die nicht beobachtet werden können, weil es sich um nicht-öffentliche Vorgänge oder um summarische oder gar abstrakte Größen handelt. Beispiele: die Klausurtagung eines Parteigremiums oder die monatliche Arbeitsmarktstatistik – das eine ein nicht-öffentlicher Vorgang, das andere eine Abstraktion. Über beides kann man nur unter Berufung auf Auskunftgeber berichten. Also: Quellenangabe unvermeidlich.

Aber: keine Regel ohne Ausnahme. Der Zwang zur Knappheit und Kürze kann dazu führen, daß der Redakteur in bestimmten Meldungen die Quelle wegläßt, obwohl der Vorgang nur teilweise oder gar nicht direkt beobachtet werden kann. Dies ist allerdings nur möglich, wenn an der Zuverlässigkeit der Mitteilung absolut keine Zweifel bestehen. Um beim Beispiel zu bleiben: In der dritten oder vierten Wiederholung der Arbeitsmarktmeldung geht es auch ohne den Hinweis, daß die Zahlen von der Bundesanstalt für Arbeit stammen.

Beim leisesten Zweifel an der Zuverlässigkeit der Mitteilung ist die Quellenangabe doppelt begründet. Oft genug sind ja die mitteilenden Stellen in hohem Maße daran interessiert, einen Vorgang nur teilweise publik zu machen oder gar ganz zu verschleiern oder aber in besonders günstigem Licht erscheinen zu lassen. Zweifel an der Zuverlässigkeit bestehen grundsätzlich auch dann, wenn Informanten nicht beim Namen genannt werden wollen (siehe Beitrag »›Regierungskreise‹ und andere anonyme Quellen«). Hier ist es oft zweckmäßig, nicht nur die vage umschriebenen Informanten selbst zu nennen, sondern auch die Nachrichtenagenturen, Zeitungen oder Rundfunkanstalten, die die Informationen veröffentlichen.

Die zweite Quellenebene, die damit ins Spiel kommt, ist die Ebene der Medien. Diese Ebene ist vor allem beim »Enthüllungsjournalismus« wichtig. Dann wird ein Medium nämlich zur Quelle für das andere. Markantes Beispiel: die Barschel-Affäre von 1987. Zwangsläufig mußte damals der »Spiegel« immer wieder als Quelle genannt werden.
Auch bei Enthüllungsgeschichten kleineren Kalibers kommt der Redakteur nicht daran vorbei, die berichtende Zeitung, die Zeitschrift oder den Rundfunksender beim Namen zu nennen, erstens weil er für die Information keine Gewähr übernehmen kann und zweitens, weil dem anderen Medium das Erstgeburtsrecht an der Meldung gehört, also aus Fairneß.

Fairneß ist auch der Grund dafür, daß der Nachrichtenredakteur in der Regel die Medien namentlich erwähnt, deren *Interviews* er in Nachrichtenform in seine Sendung nimmt. Erst in der Wiederholung oder in zusammenfassenden Meldungen kann diese Quellenangabe wegfallen.

> ## »Regierungskreise« und andere anonyme Quellen
>
> Viele Nachrichten gehen auf Informanten zurück, die namentlich nicht genannt werden wollen oder deren Nennung nicht lohnt. Für diese anonymen Quellen haben sich bestimmte Bezeichnungen herausgebildet, deren Bedeutung der Nachrichtenredakteur kennen sollte:
> **Regierungskreise:** Regierungsmitglieder (Minister, Staatssekretäre). Evtl. auch der Chef vom Dienst des Bundespresseamtes.
> **Amtliche Kreise:** Informanten aus den Ministerien.
> **Parlamentarische Kreise:** Informanten aus dem Parlament.
> **Diplomatische Kreise:** Informanten aus dem Auswärtigen Amt.
> **Unterrichtete Kreise:** Andere anonyme Informanten.
> **Politische Beobachter:** Journalisten.
> Ob der Redakteur in seinen Nachrichten diese Ausdrücke benutzt oder durch andere Umschreibungen ersetzt, bleibt ihm überlassen. In besonders heiklen Fällen kann er sich doppelt absichern, etwa mit der Formulierung: `Das meldet die Deutsche Presseagentur unter Berufung auf diplomatische Kreise in Berlin.`

Die Eigenrecherche

Am 23. November 1992, kurz nach zwei Uhr, erhielt der Nachtredakteur der NDR-Nachrichtenredaktion in Hamburg einen Anruf aus Mölln. »Hier in der Stadt brennt ein Haus, da wohnen Ausländer drin«, rief eine aufgeregte Hörerin. Wenig später gab es einen weiteren Höreranruf: Zwei Häuser stünden in Flammen, es habe Tote gegeben. Bei der zuständigen Polizei in Ratzeburg war ein ängstlicher Beamter erst nach längerem Zureden bereit, den Anschlag am Telefon zu bestätigen – gegen das Versprechen, die Polizei zunächst noch nicht als Quelle zu nennen. So machte der NDR die Drei-Uhr-Nachrichten mit der Exklusivmeldung auf:

Mölln - In zwei von Ausländern bewohnten Gebäuden ist in der Nacht Feuer ausgebrochen. Nach Informationen des NDR kamen Menschen ums Leben, andere wurden verletzt ...

Von der Möglichkeit, selber zu recherchieren, sollte der Nachrichtenredakteur auch ohne solche Hilfestellung so oft wie möglich Gebrauch machen. Das kommt den Nachrichten zugute. Außerdem verschafft es einem Journalisten immer Befriedigung, selbst eine Geschichte »auszugraben«. Gerade Nachrichtenredakteure sollten sich von Zeit zu Zeit bestätigen, daß sie nicht vom Agenturmaterial allein leben.
Das Material der Agenturen kann durchaus Anlaß für eigene Recherchen sein. Oft genug gibt es zwischen verschiedenen Agenturmeldungen zu einem Ereignis Widersprüche. Sie können vielleicht durch eine Rückfrage in der Agenturzentrale geklärt werden, noch besser ist es freilich, selber an die eigentliche Quelle zu gehen.

Auch ein Anruf beim eigenen Korrespondenten kann Klarheit schaffen. Ebenso selbstverständlich sollten *Interviews* des eigenen Senders ausgewertet werden. Das *Fernsehen* kann eine wichtige und legitime Quelle sein: Während des Golfkrieges waren es z.B. die CNN-Direktübertragungen aus Bagdad.

Tips für eine eigene Meldung bekommen die Nachrichtenredaktionen häufig aus dem *Verkehrsfunk*. Bei dem Hinweis, daß sich nach einem schweren Verkehrsunfall auf der Autobahn ein langer Stau gebildet hat, sollte der Nachrichtenredakteur aufhorchen. Das gilt sicherlich auch bei der Warnung, die Bevölkerung solle wegen starker Rauchentwicklung Türen und Fenster geschlossen halten. Dahinter kann sich ein folgenschwerer Chemieunfall verbergen.
Vielfach wird den Nachrichtenredaktionen Quellenmaterial auch frei Haus geliefert: Mitteilungen von Verbänden und Organisationen, Geschäftsberichte, Statistiken, Redemanuskripte. Wenn die Zeit es erlaubt, sollten sie genutzt werden.

Kritisch prüfen sollte man allerdings die zahlreichen Interviews und anderes Vorabmaterial, das von Zeitungen und Magazinen reichlich angeboten wird. Aus mancher »Exklusivinformation« ist schon nach wenigen Stunden die Luft raus. (Siehe Beitrag »Ein Blick hinter die Kulissen«)

Literatur: Michael Heller, Recherchieren. Ein Handbuch für Journalisten, München 1989

Unter eins, zwei, drei

Für den Kontakt mit den Kollegen in der Bundeshauptstadt sollte der Nachrichtenredakteur auch den dortigen Sprachgebrauch nennen. In der Bundespressekonferenz gibt es hinsichtlich der Verwendbarkeit von Informationen drei Kategorien:
»unter eins« heißt zu beliebiger Verwendung
»unter zwei« heißt zur Verwendung ohne Nennung des Informanten
»unter drei« nur vertraulich, »off the records«.

Zeitangaben

Bei Zeitangaben muß der Nachrichtenredakteur die Wirkung auf den Hörer bedenken. Das Wort `heute` zum Beispiel hat am frühen Morgen in der Regel eine zukünftige Bedeutung: `Der Bundestag berät heute über das Investitionserleichterungsgesetz.`

Tagsüber verzichten manche Redaktionen auf das `heute`. Sie gehen davon aus, daß alles, was gemeldet wird, »heute« passiert.
`Torgau - Die neue Elbbrücke ist eröffnet worden.`

Dem halten andere Redaktionen entgegen, daß gerade Nachrichten nicht zeitlos sein sollten. Der Autofahrer, der in Feinheiten der Nachrichtenarbeit nicht eingeweiht ist, könnte fragen: »Wann ist die Brücke denn eröffnet worden? Vielleicht schon gestern Abend? Dann hätte ich ja nicht den großen Umweg zu fahren brauchen.«

Notwendig ist »heute« auf jeden Fall bei Meldungen aus anderen Zeitzonen und auch dann, wenn sich ähnliche Ereignisse an mehreren Tagen hintereinander abspielen (In Bosnien-Herzegowina hat es heute neue schwere Kämpfe gegeben. Bereits gestern ...)

Besser als das vage »heute« klingt oft am Morgen, am Vormittag oder am Abend. Bei brandaktuellen Meldungen hört sich heute geradezu alt an. Die US-Raumfähre »Endeavour« ist heute mit zwei deutschen Astronauten an Bord gestartet klingt nicht so, als sei das vor wenigen Minuten passiert. Warum also nicht soeben?
Es ist auch möglich, die Zeitangabe im Leadsatz ganz wegzulassen und erst im zweiten damit zu beginnen: Wie die Nachrichtenagentur dpa soeben meldet, ...

Vor inflationärem Gebrauch sollte man sich allerdings hüten. In einer Stunde läuft das Ultimatum am Golf ab ist eine Topinformation. In einer Stunde beginnt das Bundeskabinett seine (allwöchentliche) Sitzung ist unangemessen.
Vorsicht auch mit den Zeitangaben der unmittelbaren Gegenwart! Gegenwärtig kann sich über mehrere Stunden oder Tage erstrecken. Das einfache Präsens tut's oft auch: Das Bundeskabinett berät ... macht deutlich genug, daß sich der Vorgang gerade abspielt.

Die Zeitangabe um 24 bzw. 0 Uhr ist besonders schwierig. Heute kann sich – genaugenommen – jetzt nur auf den neuen Tag beziehen, der soeben begonnen hat. Der gerade beendete Tag müßte eigentlich als gestern bezeichnet werden. Für den Hörer ist das aber eher irritierend. Für ihn endet der Tag erst, wenn er zu Bett geht und schläft. Es ist also besser, um 24 Uhr die Zeitangabe heute ganz zu vermeiden oder (bei Vorschaumeldungen) die erläuternde Kombination am heutigen Montag ... (Dienstag usw.) zu benutzen.

Tips

Den Aufhänger nicht vergessen!
```
Die Zahl der Verkehrstoten ist im vergangenen
Jahr gestiegen ...
Der Bundeskanzler reist am nächsten Donnerstag
in die USA ...
```
Eine Meldung über Vergangenes, eine über Zukünftiges. Warum bringen wir beides heute in den Nachrichten? Der Grund muß in der Meldung zum Ausdruck kommen, der aktuelle Aufhänger darf nicht fehlen. In beiden Fällen genügt die Quellenangabe, um die Tagesaktualität herzustellen. Bei der Unfallbilanz heißt es also: `Das hat das Statistische Bundesamt mitgeteilt ...`, bei der Kanzlerreise: `Das hat ein Regierungssprecher bekanntgegeben ...`

Auch Fehlanzeige melden! Jede Meldung muß Antwort geben auf die wesentlichen Fragen, die der Hörer stellt, wenn wir sein Interesse erst einmal geweckt haben. Wenn wir selbst die Antwort nicht wissen, müssen wir das sagen. Beispiel: Im Ärmelkanal ist ein Fährschiff gesunken. Zum Zeitpunkt der Nachrichtensendung gibt es aber nur spärliche Informationen von der britischen Küstenwache. Folgende Sätze sind also unvermeidlich:
```
Ob Menschen ertrunken sind, ist noch nicht bekannt ...
Über die Ursache und den Hergang des Unglücks liegen noch keine Informationen vor ...
```
Damit werden die unausgesprochenen Fragen des Hörers wenigstens vorläufig beantwortet – wenn auch nur negativ.

Die Parlamentsberichterstattung – aus dem Bundestag oder einem Landtag – verlangt einen besonders geschulten Blick für das Wesentliche. Dem Nachrichtenredakteur stehen manchmal nur ein paar Zeilen zur Verfügung, um eine ganztägige Sitzung zusammenzufassen.
In manchen Redaktionen verfolgt ein Redakteur die Parlamentsdebatte am Rundfunkgerät oder am Fernseher. Das ist eine gute Schule, und es kann die Redaktion in die Lage versetzen, einen interessanten Debattenbeitrag oder eine wichtige

Abstimmung schon zu melden, wenn von den Agenturen noch nichts vorliegt.
Eine Nachricht über eine Gesetzeslesung im Bundestag kann aber nicht nur aus einer Aneinanderreihung von Redebeiträgen bestehen. Vor der Meinung hat der Hörer auch hier zunächst Anspruch auf die Fakten, d.h. wir müssen ihm den Inhalt des zur Debatte stehenden Gesetzes beschreiben und erläutern.

Nicht aus der Zeitungsperspektive schreiben! Oft haben die Agenturen bei ihren Meldungen mehr die Zeitungen im Sinn als das Radio. Die Folge sind Formulierungen, die nur in die Zeitung passen. `Der Papst ist am Montag abgereist` ... – eine Formulierung für die Zeitung, die am Dienstag oder gar erst am Mittwoch erscheint. `Eine Wiederaufnahme der Tarifgespräche war noch am Abend geplant` ... – eine Meldung in der Vergangenheitsform, weil die Verhandlungen am nächsten Morgen, wenn die Zeitung auf dem Frühstückstisch liegt, vielleicht schon abgeschlossen sind.
Der Nachrichtenredakteur darf diese Zeitungsperspektive nicht übernehmen. Im Radio kann er immer fast gleichzeitig über die Ereignisse berichten. Seine Formulierung muß also lauten: `Der Papst ist am Vormittag abgereist` ... und `Eine Wiederaufnahme der Tarifgespräche ist noch am Abend geplant` ...

Nicht nur zitieren! Zum stündlichen Geschäft des Nachrichtenredakteus gehört das Kürzen. Jeder weiß, daß selbst von einer langen Rede oft nur eine Fünfzeilenmeldung übrigbleiben kann. Manchmal muß der Redakteur aber auch dolmetschen, d.h. er muß in klare und prägnante Worte fassen, was andere nur verklausuliert oder undeutlich ausgedrückt haben.
Am 9. Juli 1993 erhielt die Nachrichtenagentur AFP einen Brief der Roten Armee Fraktion. Unter Hinweis auf den Tod des mutmaßlichen Terroristen Wolfgang Grams hieß es darin wörtlich: »Dieses System muß überwunden werden – darin werden wir unseren Weg finden ... Allerdings ist die Ausgangsbedingung eine neue: Wolfgang Grams ist hingerichtet worden ... Wir rufen alle Menschen, die dieser Terror betroffen gemacht hat, dazu auf: Geht nicht zur Tagesordnung über! Nehmt das nicht hin!«
Die Nachrichtenredaktionen konnten sich in diesem Fall nicht da-

mit begnügen, den Brief nur zu zitieren. AFP selbst formulierte (durchaus brauchbar auch für Radionachrichten):

```
Als Reaktion auf den Tod des mutmaßlichen Ter-
roristen Wolfgang Grams hat die Rote Armee Frak-
tion mit neuen Aktionen gedroht. Sie ließ aber
offen, ob sie wieder zu Mordanschlägen zurück-
kehren will.
```

Nicht aufbauschen! Oft ist es nur das Außergewöhnliche, das den Hörer interessiert. Was also tun, wenn nur Alltägliches, Routinemäßiges zu berichten ist? Der Redakteur ist dann zwangsläufig in der Versuchung, das Routinemäßige ein wenig in Richtung Sensation zu trimmen, die Fakten zu schönen, zu vergröbern oder aufzubauschen. Dieser Versuchung muß er widerstehen.

»Lügen haben kurze Beine«, sagt schon der Volksmund. Und der Journalist glaubt gar nicht, wieviele Hörer in der Lage sind, ihm auf die Finger zu schauen. Die Glaubwürdigkeit der Nachrichten darf auf keinen Fall leiden.

Ein einfacher Fall unzulässiger Übertreibung: Am 1.7.1992 brannte die Saline der pfälzischen Kurstadt Bad Dürkheim. Etwa ein Fünftel der Anlage wurde beschädigt. dpa machte daraus die Schlagzeile: `Bad Dürkheimer Wahrzeichen abgebrannt.`

Nach dem Schreiben: Sprechprobe! Wenn der Redakteur eine Meldung geschrieben hat, sollte er sie sich nach Möglichkeit einmal halblaut vorlesen. Diese Sprechprobe ist ein sicheres Mittel, um stilistischen Schwächen noch vor der Sendung auf die Spur zu kommen: Wenn man sich selbst bei einer umständlichen Formulierung verhaspelt, sollte man den Text auf jeden Fall noch glätten. Auch wenn dem Redakteur beim Vorlesen unterwegs die Luft ausgeht, kann er den Satz noch kürzen oder teilen.

Die Nachrichtensprache

Radio-Deutsch = Für die Ohren schreiben

Das Radio ist das schnellste Medium, sein Produkt aber auch das flüchtigste. Wer hier etwas verpaßt, der hat es gründlich verpaßt. »An diese Selbstverständlichkeit muß man immer wieder erinnern«, heißt es im Stilbuch der BBC, »unsere Hörer haben nur eine Gelegenheit, eine Meldung zu verstehen.«[1] Der Zeitungsleser kann einen Satz oder Absatz noch einmal lesen, wenn er ihn nicht verstanden hat. Er kann seine Lektüre auch unterbrechen, um nachzudenken und das soeben Aufgenommene einzuordnen. Auch bestimmt er selbst, wie schnell oder wie langsam er liest.
Der Radiohörer kann weder nachlesen noch nachfragen, und auf das Lesetempo des Nachrichtensprechers hat er ebenfalls keinen Einfluß. Die Kommunikation verläuft nur in einer Richtung, sie ist »eine Einbahnstraße vom Nachrichtenredakteur über den Sprecher zum Hörer«.[2]

Wer Radionachrichten schreibt, muß deshalb für die Ohren schreiben – fürs Hören, nicht fürs Lesen. Daß dabei besondere »psychologische und akustische Tatsachen« zu beachten sind, war schon den Rundfunkmachern der ersten Stunde bewußt. Dradag-Chefredakteur Räuscher schärfte 1929 seinen Redakteuren ein: »Unsere Arbeit wird rascher Klang, nicht bleibendes Schriftbild! Der Hörer ist müde und will leicht verstehen, er hat nur die Ohren zur Verfügung!«[3]
Das ist heute noch aktueller als damals. Vor 60 Jahren setzte man sich vor das Rundfunkgerät, weil man zuhören wollte, heute ist das Radio überwiegend ein Begleitmedium. Die Menschen hören Nachrichten beim Autofahren, das Radio läuft in der Werkstatt und im Büro, zu Hause hat es seinen festen Platz in der Küche. »Nachrichten werden meist nur nebenbei gehört, die Folge, nämlich ein gewisser Mangel an Konzentration, erschwert das Verstehen zusätzlich.«[4]

Unserer Aufnahmefähigkeit sind enge Grenzen gesetzt, auch wenn wir nicht abgelenkt werden. Unser Kurzzeitgedächtnis kann aufeinanderfolgende Sinneseindrücke nur wenige Sekunden lang festhalten und muß sie in dieser Zeit zu einem Ganzen zusammenfassen. Wird dieser Speicher- und Integrationsmechanismus überfordert, bekommen wir die Dinge buchstäblich nicht mehr »auf die Reihe«.

Der Psychologe Ernst Pöppel hat herausgefunden, daß die oberste zeitliche Grenze der Integration bei drei Sekunden liegt. Verblüffend ist Pöppels Erkenntnis, daß Dichter in allen Kulturen diese begrenzte Integrationsfähigkeit unseres Gehirns offensichtlich intuitiv erkannt haben. Er untersuchte Gedichte in 14 Sprachen (u. a. Latein, Altgriechisch, Englisch, Französisch, Deutsch, Chinesisch, Japanisch und Eipo, eine Sprache auf Neu-Guinea) und fand heraus, daß die Verszeilen gesprochen in den meisten Fällen die Dauer von drei Sekunden nicht überschreiten.[5] In den von Pöppel angeführten Beispielen aus der deutschen Literatur umfassen die Drei-Sekunden-Verszeilen zwischen sechs und acht Wörter.

Es macht nachdenklich, daß die Satzlänge in der »BILD«-Zeitung dem am ehesten entspricht. Auch Ludwig Reiners plädierte leidenschaftlich für kurze Sätze und hält sie noch für »sehr leicht verständlich«, wenn sie maximal 13 Wörter enthalten.[6] An dieser Grenze sollte man sich auch beim Schreiben von Radionachrichten orientieren, zumal beim Formulieren des Leadsatzes.

Einschränkung: Die Meldung darf nicht im »Hackstil« (Mackensen) oder im »Asthmastil« (Reiners) geschrieben werden, also nur aus einer Aneinanderreihung kurzer Hauptsätze bestehen. Das würde das Verständnis nur scheinbar fördern, in Wirklichkeit aber »eine Monotonisierung bewirken, die schwerer wiegt als die hohe Verständlichkeit jedes einzelnen dieser Sätze.«[7]

Empfehlenswert ist stattdessen ein lockerer Wechsel zwischen kurzen Hauptsätzen und Nebensatzkonstruktionen. Dabei sollte man sich an die Empfehlung von Reiners halten: Hauptsachen in Hauptsätze, Nebensachen in Nebensätze. Die Forderung nach Kürze gilt besonders für Nebensätze.

Auch mit einem angehängten Nebensatz muß der ganze Satz durchsichtig bleiben. Gerade in den Radionachrichten haben

Nebensätze eine wichtige Funktion, nämlich dem Hörer gleichsam Ruhepausen zu verschaffen.
In der Nachrichtenfibel des WDR heißt es dazu: »Nebensätze fördern nicht nur den Sprachfluß, sie bringen auch den Inhalt der Aussage abwechslungsreicher und farbiger, also auf angenehme Weise nahe. Der Hörer gewinnt mehr Zeit, durch Nebensätze entfaltete Gedanken zu verfolgen.«[8]

Kurz und verständlich zu schreiben, erfordert Arbeit. Niemand kann anderen eine Sache vermitteln, wenn er sie nicht selbst verstanden hat. Der Schriftsteller E. A. Rauter bringt es auf den Punkt:
»Um kurze Sätze schreiben zu können, muß man erst gearbeitet haben. In langen Sätzen bleibt die Unwissenheit des Autors leichter verborgen – ihm selbst und dem Leser. Der lange Satz ist im Journalismus meist eine Zuflucht für den, der sich eine Sache nicht erarbeitet hat. Kurze Sätze kann man nicht schreiben, wenn man nicht genau Bescheid weiß. Kurze Sätze bedeuten, daß die Redakteure die Arbeit geleistet haben, für die sie von den Lesern bezahlt werden.«[9]

[1] BBC World Service, News Guide and Style Book, London 1993
[2] Wolfram Metz, Die Sprache der Hörfunknachrichten, Mainz 1990
[3] Dradag-Jahresbericht 1928/1929
[4] Wolfram Metz, ebenda
[5] Ernst Pöppel, Grenzen des Bewußtseins, Stuttgart 1980
[6] Ludwig Reiners, Stilfibel, München 1963
[7] Wolfram Metz, ebenda
[8] Nachrichten im WDR, Köln 1992
[9] E. A. Rauter, Vom Umgang mit Wörtern, München 1980

Weitere Literatur:
Walther von La Roche, Axel Buchholz (Hrsg.), Radiojournalismus. Ein Handbuch für Ausbildung und Praxis (List Journalistische Praxis), München 1993
Harald Burger, Sprache der Massenmedien, Berlin/New York 1990
Jürg Häusermann/Heiner Käppeli, Rhetorik für Radio und Fernsehen, Frankfurt am Main 1986

Sechs Sünden gegen die Verständlichkeit

Erste Sünde: Das zerrissene Verb. Wer kurze und verständliche Sätze schreiben will, stolpert oft über eine Eigenart der deutschen Grammatik – das zweigeteilte Verb. Schon Mark Twain hat

darüber geklagt: »Im Deutschen hat man auch die Angewohnheit, die Verben auseinanderzusetzen und zu zerreißen. Man stellt die eine Hälfte an den Anfang irgendeines aufregenden Satzbaus und die zweite Hälfte ans Ende. Etwas Verwirrenderes kann man sich nicht vorstellen.«[1]
Das Verwirrende ist, daß die zweite Verbhälfte stets diejenige ist, die dem Satz seinen Sinn gibt. In vielen deutschen Sätzen erfährt der Leser oder Hörer deshalb die volle Bedeutung erst mit dem letzten Wort:
»Hans *hat* im Garten einen Baum –.« *Gepflanzt?*
Keineswegs: »Hans *hat* im Garten einen Baum *gefällt*.«

In kurzen Sätzen wie diesem ist das zerrissene Verb keine Verständnishürde. Nach dem Hilfsverb `hat` müssen wir uns bis zum Erreichen des sinngebenden Verbteils `gefällt` nur vier Wörter merken. Damit ist niemand überfordert, zumal wir im Deutschen dieses »Mitnehmen« von Satzinhalten gewohnheitsmäßig und unbewußt vollbringen.
Oft läßt sich der Sinn auch auf halber Strecke schon ganz oder teilweise vorausahnen. So hat sicherlich kein Radiohörer mit folgendem Leadsatz Schwierigkeiten:

```
Bonn - Die Finanzierung der Bahnreform bleibt
auch nach einem Spitzengespräch bei Bundes-
kanzler Kohl umstritten.
```

Wenn die beiden Verbhälften weiter auseinanderrücken, wenn sich vor die sinngebende Hälfte immer mehr Informationen schieben, die wir behalten müssen, wird es problematisch:

```
Warschau - Die polnische Ministerpräsidentin
Hanna Suchocka hat heute mit der Führung der Ge-
werkschaft Solidarität erneut über Möglichkei-
ten zur Beilegung des seit zwei Wochen dauern-
den Streiks im Öffentlichen Dienst gesprochen.
```

Dieser Satz verlangt schon ein beträchtliches Maß an Konzentration. Nach dem Hilfsverb `hat` folgen 21 Wörter, die der Hörer behalten muß, bis sich mit dem letzten Wort des Satzes sein voller Sinn erschließt. Die Gefahr ist groß, daß er dazu nicht fähig oder nicht bereit ist: Er versteht den Inhalt nur noch teilweise oder stellt aus Verärgerung ganz »auf Durchzug«.

Wie ist dieser Satz zu verbessern? Wir können ihn zunächst entlasten, indem wir weniger wichtige Angaben streichen oder für einen späteren Satz zurückstellen:

```
Warschau - Ministerpräsidentin Suchocka hat
heute mit der Gewerkschaft Solidarität erneut
über eine Beilegung des Streiks im Öffentlichen
Dienst gesprochen.
```

Jetzt ist der Satz schon erheblich leichter zu verkraften – für eine Zeitungsmeldung könnte man ihn so akzeptieren. Der Radiohörer muß allerdings immer noch einiges behalten. Wir sollten es ihm noch leichter machen. Das Rezept dazu lautet:

Das Verb nach vorn!

```
Warschau - Ministerpräsidentin Suchocka hat
heute mit der Gewerkschaft Solidarität erneut
darüber gesprochen, wie der Streik im Öffent-
lichen Dienst beigelegt werden könnte.
```

Durch die kleine Umstellung haben wir zweierlei erreicht: der Hörer erfährt jetzt fast unmittelbar, was Frau Suchocka getan hat, nämlich mit der Gewerkschaft gesprochen. Dann sagen wir ihm in einem angehängten Nebensatz, worüber sie gesprochen hat, über den Streik. Die Informationen gelangen also portionsweise und in einer logischen Reihenfolge zum Hörer. Das hat den Vorteil, daß er sie nacheinander aufnehmen und abhaken kann. Sein »Merkpensum« hat sich beträchtlich verringert.

Noch eines fällt auf: Das Vorziehen des Verbs gesprochen vom Ende in die Mitte des Satzes hat die ganze Konstruktion lebendiger gemacht. Auch in den Nebensatz ist Leben gekommen, weil wir das Substantiv Beilegung in das Verb beilegen zurückverwandelt haben. Mehr dazu unter dem Stichwort »Hauptwörterei«.

»**Satzklammer**« nennen wir, was das zweigeteilte Verb zwischen seinen beiden Hälften einschließt. Je weiter der bestimmende Verbteil nach hinten wandert, desto größer wird die Klammer und damit das, was der Hörer sich merken muß.

Wir haben gesehen, daß wir diese Klammern auflösen bzw. umgehen können. Noch einmal das Rezept: Das Verb nach vorne und mehr Mut zum Nebensatz!

Zweite Sünde: Der Schachtelsatz. Mit den gerade vorgeführten Mitteln rücken wir auch dem Schachtelsatz zu Leibe, der in einfacher Form in Nachrichtentexten immer wieder zu finden ist:
```
Bonn - Bundesverkehrsminister Wissmann hat den
EG-Beschluß, ab 1995 eine sogenannte Regional-
Vignette für Lastwagen einzuführen, verteidigt.
```
Es gibt keinen Grund, warum dieser Satz nicht so lauten sollte:
```
Bonn - Bundesverkehrsminister Wissmann hat den
EG-Beschluß verteidigt, ab 1995 eine soge-
nannte Regional-Vignette für Lastwagen einzu-
führen.
```
In der ersten Version schließen Hilfsverb und Verb einen ganzen Satz ein, den sich der Hörer merken muß, bis er erfährt, daß Wissmann den EG-Beschluß `verteidigt` und nicht etwa `kritisiert` hat. In der verbesserten Version ist die Klammer auf ganze zwei Wörter reduziert, der eingeschachtelte »Zwischensatz« wurde als Nebensatz angehängt. Positives Resultat auch hier: Die Informationen werden nacheinander in verdaulichen Portionen serviert.

Dritte Sünde: Das Partizip. Besonders schwerfällig klingt es, wenn wir eine Partizipialkonstruktion zwischen die Verbhälften zwängen:
```
London - Die Europäische Union hat dem wegen sei-
ner Reformpolitik stark unter innenpolitischem
Druck stehenden russischen Präsidenten Jelzin
erneut finanzielle Hilfe zugesichert.
```
Hier stellen wir dem Hörer mitten im Satz ein großes Schild »Umleitung« entgegen und zwingen ihn auf eine holprige Nebenstrecke. Erst kurz vor dem sinngebenden Verbteil wird die Hauptstraße wieder erreicht. Diese Gebilde, von Reiners treffend »Klemmkonstruktionen« genannt, stehen dem Verständnis »so sperrig im Weg wie sonst nur noch ein unbekanntes Wort«.[2] Umso unverständlicher ist es, daß gerade sie in der Nachrichtensprache täglich auftauchen.

Gesprochen klingen solche Konstruktionen zudem umständlich (oft auch lächerlich), weil häufig ganze Ansammlungen von Präpositionen und Pronomen entstehen: ... `hat dem wegen seiner` ...

Auch in diesem Fall ist Abhilfe geschaffen, indem wir die zweite

Verbhälfte vorziehen und den Inhalt der Partizipialkonstruktion in einen eigenen Satz packen:
```
London - Die Europäische Union hat dem russi-
schen Präsidenten Jelzin erneut finanzielle
Unterstützung zugesichert. Jelzin, der wegen
seiner Reformpolitik unter starkem innenpoli-
tischen Druck steht, soll nach einem Beschluß
der EG-Außenminister zusätzliche Kreditgaran-
tien erhalten ...
```

Vierte Sünde: Das Passiv. Mit jeder Passivkonstruktion entsteht ebenfalls eine Satzklammer. Das Passiv hat deshalb zu Recht den Ruf, die Verständlichkeit von Radionachrichten zu mindern. Mehrere Untersuchungen haben das belegt. In den meisten Fällen ist der Gebrauch des Passivs eine Folge von Gedankenlosigkeit:
```
Bonn - Von Rechtsextremisten sind im ersten
Halbjahr 1993 in Deutschland neun Menschen getö-
tet worden.
```
Nur einmal nachgedacht, und man würde so formulieren:
```
Bonn - Rechtsextremisten haben im ersten Halb-
jahr 1993 in Deutschland neun Menschen getötet.
```
Zwar entsteht durch das zweigeteilte Verb auch im Aktivsatz eine Klammer, der Satz ist dennoch flüssiger. Der Aktivgebrauch entspricht zudem der Umgangssprache.

Angebracht ist das Passiv überall dort, wo das Interesse in erster Linie dem *Vorgang* gilt und nicht dessen Verursacher. In dem Leadsatz
```
Karlsruhe - Der ehemalige CDU-Generalsekretär
Geißler ist heute nach seinem Sportunfall an
der Wirbelsäule operiert worden.
```
interessiert fraglos zunächst die Tatsache, daß Geißler operiert wurde, und nicht, wer ihn operierte. Ein Meldungsanfang wie:
```
Ärzte einer Rehabilitationsklinik bei Karlsruhe
haben CDU-Generalsekretär Geißler heute ...
```
würde diesem Punkt zu großes Gewicht beimessen.

Fünfte Sünde: Die »Hauptwörterei«. Neben dem Bau langer Satzklammern ist es die größte Sünde gegen die Verständlichkeit, Hauptwörter unnötig an Stelle von Verben zu benutzen. Wolf Schneider nennt dies »das bei weitem dümmste Spiel, das man mit der Sprache treiben kann«.[3]

Das gilt besonders, wenn Nachrichtenredakteure dieses Spiel treiben. Sie berichten vor allem über Geschehnisse, Vorgänge, Abläufe, Handlungen. Die aber werden in der Sprache durch die Verben, die Tätigkeitswörter, bezeichnet.

»Das Verb ist das Rückgrat des Satzes«, sagt Reiners, »zwingt man die Handlung in ein Hauptwort, bricht man dem Satz das Rückgrat.«[4] Folgendes Negativbeispiel macht das deutlich:

```
Der neue Aktionsplan für Bosnien-Herzegowina
sieht die Einrichtung von UNO-Schutzzonen für
die Moslems und eine verschärfte Durchsetzung
der Sanktionen gegen Rest-Jugoslawien vor.
```

Das blasse Verb `vorsehen` (das zudem noch zerrissen ist) kann sich gegen diesen Aufmarsch von Nomina, Präpositionen und Artikeln nicht durchsetzen – sie formen ein totes, statisches Gebilde, das jeden Hörer ermüden muß.

Beleben können wir diesen Satz nur, wenn wir die Verbalsubstantive wieder in Verben zurückverwandeln:

```
Der neue Aktionsplan für Bosnien-Herzegowina
sieht vor, UNO-Schutzzonen für die Moslems ein-
zurichten und die Sanktionen gegen Rest-Jugo-
slawien strenger durchzusetzen.
```

So wird mit wenig Mühe aus einem schwer verdaulichen Brocken ein locker und verständlich dahinfließender Satz. An die Stelle des Hauptsatzes mit nur einem Verb sind ein Hauptsatz und zwei Nebensätze mit insgesamt drei Verben getreten. Die Satzklammer hat sich aufgelöst, die Informationen sind auf drei übersichtliche Sätze verteilt, die sich logisch aneinanderreihen.

Eine Gegenüberstellung widerlegt auch das oft gehörte Argument, Nominalsätze seien platzsparend: Der verbale Satz ist mit insgesamt 19 Wörtern noch um drei Wörter kürzer als der Satz im Nominalstil.

Nominalstil entsteht vor allem durch *präpositionale* Ausdrücke (durch, trotz, wegen, ungeachtet, während, in, an, auf, mit, zur, zum ...) oder durch *Genitivattribute*.

Wegen der Häufung von Nomina wird es sehr schwer, einen Satz sinnvoll zu sprechen. Negativbeispiel:
> Die EG will weiterhin allein mit einer wirksameren Durchsetzung von Sanktionen und der Totalisolierung Serbiens die Machthaber in Belgrad und die bosnischen Serben zur Annahme des Vance-Owen-Planes und zum Ende ihrer Aggression gegen Bosnien-Herzegowina bewegen.

Hier wimmelt es von Präpositionalkonstruktionen und Genitivattributen.

Optimales Verstehen gelingt nur bei kurzen Sätzen und mittlerem Sprechtempo. Ein Hindernis dafür ist der Nomonalstil. Er erhöht nämlich die Silbenzahl pro Wort, was automatisch zu schnellerem Sprechen führt. Analysen haben ergeben: Sätze in der Alltagssprache haben durchschnittlich 6 Wörter, Sätze in Nachrichten 15 Wörter. In der Alltagssprache wird auch langsamer gesprochen, nämlich 250 Silben in der Minute. Dagegen spricht der Nachrichtensprecher 295 Silben in der Minute.

Sechste Sünde: Der Infinitiv: Gestelzte Sätze ergeben sich oft durch Infinitivkonstruktionen mit zu. Gesprochen wirken sie doppelt unschön:
> SPD-Bundesgeschäftsführer Verheugen warf der FDP vor, mit Hilfe der Pflegeversicherung die Kostensituation der Wirtschaft verbessern zu wollen.

Diesen Satz retten wir, indem wir auf den Infinitiv verzichten und das gebeugte Verb nach vorne ziehen:
> SPD-Bundesgeschäftsführer Verheugen warf der FDP vor, sie wolle mit Hilfe der Pflegeversicherung die Kostensituation der Wirtschaft verbessern.

[1] Mark Twain, Bummel durch Europa, Ullstein, Berlin o. J.
[2] Ludwig Reiners, Stilfibel, München 1963
[3] Wolf Schneider, Deutsch für Profis, Hamburg 1982
[4] Ludwig Reiners, a.a.O.

Die Neuigkeit ans Ende des Satzes

Nachrichten sollten so geschrieben werden, daß derjenige, der sie spricht, automatisch richtig betont – sozusagen ohne große Denkleistung. Eine falsche, nicht sinngemäße Betonung muß durch den sinnvollen Aufbau des Satzes von vornherein ausgeschlossen sein. Dazu muß der Redakteur nur eines tun, er muß das Grundschema des deutschen Aussagesatzes einhalten.

Dieses Grundschema sieht so aus: Im sogenannten »Vorfeld« wird an Bekanntes angeknüpft, dort steht das »Thema«, der Gegenstand, um den es geht. Im sogenannten »Nachfeld« folgt die Neuigkeit zum Thema, das Rhema, der »Sinnkern«.

Anknüpfung an Bekanntes, »Thema«, im Vorfeld	flektiertes Verb als Mittelachse	Sinnkern, Neues, psych. Prädikat, »Rhema«, im Nachfeld

Beispiele:
```
Bundesbauministerin Schwaetzer fordert neue
Mieterhöhungen.
```
(Sie fordert keine Stärkung des sozialen Wohnungsbaus, keine Steuererleichterung für Häuslebauer, sondern Mieterhöhungen.)
```
Die Bundesbank hat die Leitzinsen gesenkt.
```
(Sie hat die Leitzinsen nicht erhöht und nicht auf dem gleichen Stand belassen, sondern gesenkt.)
```
Für die Unternehmer gibt es steuerliche Er-
leichterungen - allerdings erst zum ersten Ja-
nuar.
```
(nicht heute, nicht morgen und nicht am ersten August)

Die drei Beispiele zeigen, daß ganz unterschiedliche Satzteile im »Nachfeld« stehen, den Sinnkern enthalten und die stärkste Betonung tragen. Einmal ist es das *Objekt* (Mieterhöhungen), einmal das *Prädikat* (gesenkt) und einmal die *Umstandsbestimmung* (zum ersten Januar).

Auf keinen Fall darf die neue Aussage, der Sinnkern, ins Vorfeld rutschen. Sonst ist die falsche Betonung fast programmiert. Denn der Sprecher tendiert automatisch dazu, die stärkste Betonung ins Nachfeld zu setzen. Negativbeispiel:

     Das Gesetz sei hervorragend, sagte der Kanzler
     in einem Interview der »Neuen Osnabrücker Zei-
     tung«.

Wichtig ist das Wort hervorragend. Dafür steht es aber viel zu weit vorn. Im Nachfeld steht dagegen Unwesentliches: ... sagte der Kanzler in einem Interview der »Neuen Osnabrücker Zeitung«. **Besser:**

     Der Kanzler sagte in einem Interview der »Neuen
     Osnabrücker Zeitung«, das Gesetz sei hervorra-
     gend.

Bei allzu starker Aufgliederung des Satz-Vorfeldes und/oder des Nachfeldes kommt es zu einer Überdehnung der für das Deutsche typischen »Klammer«.
Diese Klammer kann das Verb und seine abtrennbare Vorsilbe umfassen (Siehe: Erste Sünde: Das zerrissene Verb) oder auch nur das Substantiv und den dazugehörigen Artikel (Siehe: Dritte Sünde: Das Partizip). Die Folge sind Verstehensbrüche durch Vergessen und eine unerwünschte Erhöhung der Sprechgeschwindigkeit.

Drach, E., Grundgedanken der deutschen Satzlehre, Frankfurt/M. 1963
Geißner, H., Das Verhältnis von Sprach- und Sprechstil bei Rundfunknachrichten. In: Straßner, E. (Hrsg.), Nachrichten, München 1975, S. 137 ff.
Gutenberg, N., Sprechdenken – Hörverstehen – Leselehre. In: Informationen – Deutsch als Fremdsprache 15, 2, 1988, S. 3 ff.

Beim zentralen Begriff bleiben

»Wh!« kritisiert der Deutschlehrer am Aufsatzrand, wenn der Elefant zum zweiten Mal als Elefant vorkommt, obwohl man doch mit Dickhäuter oder Rüsseltier abwechseln müßte.
Was wir in der Schule als Gebot der lexikalischen Varianz gelernt haben, müssen wir in der Nachrichtenredaktion bewußt ins Gegenteil verkehren:

Der für den Sachverhalt richtig gewählte Begriff wird nicht variiert. Geht es also um `Abgeordnete`, dann wird dieser zentrale Begriff im nächsten Satz nicht in `Parlamentarier` oder `Volksvertreter` umgewandelt, sondern als `Abgeordnete` beibehalten; und der `UNO-Sicherheitsrat` ist auch bei der nächsten Erwähnung der `Sicherheitsrat` und nicht ein `Gremium`.

Zwei Gründe sprechen für das Beibehalten des zentralen Begriffs:
1. Das Varianzwort erweckt den Eindruck, als sei jetzt von einer anderen Sache die Rede (z. B. `Gesetzentwurf - Vorschlag der Regierung`). Für einen Moment muß der Hörer, während die Meldung weiterläuft, nachdenken: Ach ja, mit dem Vorschlag der Regierung ist der Gesetzentwurf gemeint. Diesen Moment lang ist er abgelenkt, die Verständlichkeit der Meldung für diesen Moment reduziert.
2. Das Varianzwort (z. B. `Gremium`) läßt den vielleicht jetzt erst Hinhörenden darüber im unklaren, von welchem Gremium die Rede ist. Variiert man also (unnötigerweise), so muß der zentrale Begriff wenigstens danach noch einmal kommen.

Auch das Personalpronomen (z. B. `er, sie, es`) läßt seinem Wesen nach offen, für wen oder was es steht. Besser ist es, mit dem Namen der handelnden Person auch nach dem Leadsatz weiterzutexten. Beispiel:
```
Bonn - Bundesaußenminister Kinkel hat sich heute
dafür ausgesprochen, Deutschland einen ständi-
gen Sitz im UNO-Sicherheitsrat einzuräumen.
Kinkel sagte, ...
```

Städte- und Ländernamen zu variieren, wirkt nicht bloß mißverständlich, sondern obendrein provinziell, ja komisch: `Kugellagerstadt` für Schweinfurt, `Alpenrepublik` für Österreich. Ein Verkehrsunfall mit drei Toten, `kurz vor der Ausfahrt in die Mozartstadt` (Salzburg) erweckt mehr Schmunzeln als Betroffenheit, und ob mit der `Schwabenmetropole` Augsburg oder Stuttgart gemeint ist, bleibt für den Nebenbeihörer ein Rätsel, wo es doch so einfach und eindeutig wäre, noch einmal `Stuttgart` zu sagen oder `Augsburg`.

Bei Tabellen dient es der Verständlichkeit, wenn sich der Hörer auf einen Begriff einstellen kann (der dann beim dritten Ergebnis dieser Art ganz wegbleiben kann). Das unschöne Wort Zähler z.B. ist keine Alternative zu Punkt. Auch der Dollarkurs wird nicht dadurch verständlicher, daß man mit Greenback und US-Währung variiert, wo es doch weiter um den Dollar geht.

Viele Varianzwörter sind obendrein krampfig und gesucht: Wer sagt schon Ausstand, wenn er von einem Streik redet oder Ministerrunde, wenn er das Kabinett meint?

Einschränkung. Die Regel »Beim zentralen Begriff bleiben« gilt vor allem für die zentralen Mitteilungen des Textes: Je zentraler die Begriffe, umso weniger Varianz. Der diese Begriffe enthaltende Begleittext aber erlaubt die übliche Varianz, soll er nicht schwerfällig werden. Dies gilt insbesondere für die Verben.

Fachbegriffe und Fremdwörter

Der Nachrichtenredakteur sollte mit Fachbegriffen und Fremdwörtern sparsam umgehen. Manchmal mag er versucht sein, seine Sachkompetenz durch eine möglichst fachspezifische Ausdrucksweise zu beweisen. Dieser Versuchung muß er widerstehen. Allerdings darf man dieses Postulat nicht sklavisch befolgen. Es ist nun einmal der Auftrag des Journalisten, allgemein interessierende Ereignisse und Entwicklungen aus bestimmten Fachgebieten dem Publikum zu vermitteln, und zu diesem Vermitteln gehört auch das Vertrautmachen mit bestimmten Fachbegriffen. Arbeitsmarktabgabe, Arbeitsbeschaffungsmaßnahmen, Kohlendioxid, Einwegflasche, Walzstahl, Numerus Clausus, High Tech, Play-Off-Runde ... Fachbegriffe, an denen die Radionachrichten nicht vorbeikommen, weil es dafür keinen Ersatz gibt.

Rücksicht auf Wissenslücken. Der Nachrichtenredakteur muß immer daran denken, daß vielen Hörern zwangsläufig das Fachwissen fehlt, um alle Fachausdrücke zu verstehen. Wenn daher ein Politiker die Verlängerung des Kohlepfennigs fordert, muß der Redakteur erklären, was das ist: ein Aufschlag auf den Strompreis, der es den Kraftwerksbetreibern ermöglicht, deutsche Steinkohle zu verfeuern, obwohl diese teurer ist als Importkohle aus dem Ausland. Manche Fachwörter kann er aber tatsächlich umgehen. `Gebietskörperschaften` sind manchem Hörer sicher unverständlich, gemeint sind damit Bund, Länder, Landkreise und Gemeinden.

Gegen Fremdwörter ist dann nichts einzuwenden, wenn sie allgemein gebräuchlich sind. Viele sind in der deutschen Sprache so heimisch geworden, daß ihre fremde Herkunft gar nicht mehr auffällt. `Minister`, `Konto`, `Abitur`, `Computer`, `Chaos`, `Diskothek`, `Rock` und `Pop`. Auf solche Wörter verzichten zu wollen, wäre abwegig. Andere Fremdwörter sind unentbehrlich, weil es sich um nichts anderes handelt als um die oben beschriebenen Fachbegriffe. `HIV-Virus`, `Kernspintomographie` – so etwas kann man nicht eindeutschen.

Angeberei? Oft genug gebrauchen Politiker, Wirtschaftler, Wissenschaftler und Journalisten Fremdwörter auch deshalb, weil sie glauben, damit könnten sie ihr »hohes« Sprachniveau beweisen. Diesen eitlen und gedankenlosen Fremdwortgebrauch sollten Nachrichtenredakteure nicht mitmachen. `Bilateral` heißt `zweiseitig`, `relevant` bedeutet nichts anderes als `wichtig` oder `bedeutsam`, statt zu `strukturieren` kann man auch `gliedern`, anstelle der `Eskalation` genügt die schlichte `Steigerung`, statt der `Kooperation` die `Zusammenarbeit`.

Zweifelsfall: UNO, NATO, EU ...

Sind Abkürzungen zulässig?
Ja und Nein.
Ja, wenn es sich um wirklich geläufige Begriffe handelt: `CDU`, `SPD`, `UNO`, `NATO`, `EU` ...
Nein, wenn viele Hörer den Begriff vermutlich nicht kennen: `HBV`, `OECD`, `AKP` ... Solche Begriffe müssen aufgelöst oder erklärt werden.

Nicht zu viele Zahlen

Das flüchtige Medium Hörfunk macht es dem Hörer sehr schwer, Zahlen aufzunehmen. Deshalb sollten in den Meldungen nur die wichtigsten Zahlen genannt werden. Auf- und Abrundungen sind nicht nur zulässig, sondern unvermeidlich. `Knapp 200 000`: das geht ins Ohr und ins Gedächtnis, `198 762` nicht. Auch Prozentzahlen dürfen auf- und abgerundet werden. In manchen Fällen ist es aber günstiger, sie in Brüche umzuwandeln. `48 Prozent` sind `knapp die Hälfte`, `64 Prozent` sind `rund zwei Drittel`.

Bewährungsprobe Arbeitsmarkt. Allmonatlich, wenn die Bundesanstalt für Arbeit die Arbeitsmarktzahlen bekanntgibt, hat der Redakteur Gelegenheit zu zeigen, was er kann. Dann wimmelt es nämlich von Zahlen. Gemeldet werden die absolute Zahl der Arbeitslosen, die Zunahme oder der Rückgang gegenüber dem Vormonat, die Zunahme oder der Rückgang gegenüber dem Vorjahr, das alles noch ausgedrückt in Prozenten, dann die Arbeitslosenquote, ebenfalls wieder in Relation zum Vormonat und zum Vorjahr, die Zahl der offenen Stellen, die Zahl der Kurzarbeiter, die Zahl der AB-Maßnahmen, die Zahl der arbeitslosen Frauen, die Zahl der Langzeitarbeitslosen, die Zahl der Vorruheständler, die Zahl der Umschüler … Niemand kann das beim Hören behalten, der Redakteur muß sich also auf die allerwichtigsten Zahlen beschränken.

Anders ist es bei Wahlergebnissen. Hier muß der Redakteur selbstverständlich alle Parteien aufzählen – von Splittergruppen einmal abgesehen. Und er muß genaue Prozentzahlen nennen, auch auf die Stelle hinter dem Komma kommt es an. Unterscheiden muß er dabei zwischen Prozent und Prozentpunkten. Erfundenes Beispiel: Die Grünen haben ihren Stimmenanteil von fünf auf zehn Prozent erhöht. Das ist anders ausgedrückt ein Zuwachs von fünf `Prozentpunkten` – bezogen auf die Gesamtheit der abgegebenen Stimmen. Es ist falsch, von einem Zuwachs um fünf `Prozent` zu sprechen. Denn in Prozenten ausgedrückt, beträgt der Zuwachs 100, die Grünen haben in diesem fiktiven Fall nämlich ihren Stimmenanteil verdoppelt.

Richtiges Deutsch schreiben

Selbstverständlich muß der Redakteur auch:
- die Wörter in ihrem richtigen Sinn anwenden
- die Regeln der Grammatik befolgen und
- bis zu einem gewissen Grad die Empfehlungen des guten Stils beachten.

Semantisch, also hinsichtlich der Wortbedeutung, ist es nicht gleichgültig, ob von

    anscheinend oder scheinbar
    verhaften oder festnehmen
    der Ursache oder dem Grund
    dem gleichen oder dem selben

die Rede ist.

Zu den semantischen Ungenauigkeiten gehören auch die *falschen Wortverbindungen,* die sich immer wieder in Nachrichtentexten finden (Stilblüten sind sie obendrein):

    die Zählaktion der Asylbewerber
    der konventionelle Abrüstungsvertrag
    die angewandten Linguisten.

Grammatische Fehler gibt es nicht nur immer wieder beim Gebrauch der indirekten Rede (siehe Beitrag »Die indirekte Rede steht im Konjunktiv«) oder beim Plusquamperfekt (siehe Beitrag »Zeiten und Zeitenfolge«). Selbst die Frage Singular oder Plural kann Schwierigkeiten machen. Es heißt:

    Die USA haben angekündigt ... – es sind nämlich mehrere Staaten,
    Mehr als ein Drittel der Ostdeutschen ist unzufrieden ... – Subjekt des Satzes ist ein Drittel.
    Eine Million Franzosen sind damit einverstanden ... – Subjekt des Satzes sind die Franzosen – mit vorangestelltem Zahlwort.

Wenn Bilder vermischt werden, die nicht zusammenpassen, so sind dies vielfach nicht nur Unschönheiten, sondern Fehler. Man kann nicht sagen,

daß ein Politiker das Eingemachte im sozialen Netz antasten will,
daß eine Partei einen Erdrutschsieg erringt oder
daß eine Regierung eine Hürde umschifft.

> ### Notruftelefon
>
> In orthographischen, grammatischen und stilistischen Zweifels- und Streitfällen hilft die
> **Sprachberatungsstelle der Dudenredaktion.**
> 68167 Mannheim, Dudenstraße 6
> Telefon: (0621) 3 90 14 26
> Montag bis Freitag von 9.00 – 12.00 Uhr

Die indirekte Rede steht im Konjunktiv

Wer Nachrichten schreiben will, muß mit dem Konjunktiv umgehen können. Denn in den Nachrichten werden immer wieder Äußerungen anderer direkt oder indirekt zitiert, die indirekte Rede steht aber im Konjunktiv.
Beispiel für die direkte Rede:
    Der Polizeisprecher sagte: »Der Kriminalbeamte
    hat in Notwehr geschossen.«
Modus: Indikativ.
Beispiel für die indirekte Rede:
    Der Polizeisprecher sagte, der Kriminalbeamte
    habe in Notwehr geschossen.
Modus: Konjunktiv.

In der journalistischen Darstellung dient das direkte Zitat oft als belebendes Element. In den meisten Fällen liegen wörtliche Zitate aber gar nicht vor. Außerdem ist die indirekte Rede vielfach sogar besser geeignet, die Distanz zum Gesagten deutlich zu machen. Denn der Konjunktiv drückt das Mögliche aus und läßt offen, ob es tatsächlich so ist, wie es jemand gesagt hat. Rudolf Walter Leonhardt nennt deshalb den Gebrauch des Konjunktivs nicht nur eine grammatische Regel, sondern geradezu ein ethisches Gebot.

Abgeleitet wird der Konjunktiv der indirekten Rede in der Regel vom Indikativ Präsens. Das `habe` im obigen Beispiel kommt von `hat`. Dieser Konjunktiv des Präsens wird auch *Konjunktiv I* genannt. In manchen Fällen sind aber Indikativ und Konjunktiv im Präsens völlig identisch, sie können also den Unterschied zwischen dem Wirklichen und dem Möglichen gar nicht ausdrücken. In diesen Fällen wird ersatzweise der Konjunktiv des Imperfekts (der *Konjunktiv II*) angewandt. Beispiel:
```
Der UNO-Sprecher sagte, die Verhandlungspart-
ner kämen noch heute nach Genf zurück.
```
`Kämen` ist abgeleitet von kamen, also vom Indikativ des Imperfekts. Im Präsens hieße es nämlich sowohl im Indikativ als auch im Konjunktiv `kommen`, und somit wäre nicht zu unterscheiden, ob es sich um unsere eigene oder um eine fremde Aussage handelt.

In der Umgangssprache ist der Konjunktiv II besonders beliebt; er wird vielfach auch dann benutzt, wenn der Konjunktiv I völlig genügt. Fälschlich heißt es dann:
```
Der Polizeisprecher sagte, der Kriminalbeamte
hätte in Notwehr geschossen.
```
Dem Nachrichtenredakteur dürfen solche Fehler nicht unterlaufen. Der Konjunktiv II soll in seiner ureigenen Funktion übrigens ausdrücken, daß etwas nicht so ist, wie es gesagt wird. Beispiel:
```
Der Kanzler sagte, er wäre nach Peking gereist,
wenn die chinesische Regierung ihn eingeladen
hätte.
```
(Er ist aber nicht gereist, und es gab auch keine Einladung.)
Aussageform: Irrealis.
oder
```
Der Kanzler sagte, er würde nach Peking reisen,
wenn er eine Einladung bekäme.
```
(Die Reise ist von einer Bedingung abhängig, deren Erfüllung noch völlig offen ist.)
Aussageform: Konditionalis.

Ein geradezu schmerzhafter grammatischer Fehler ist die

Umschreibung der richtigen Konjunktivform durch würde plus Infinitiv, die in der Umgangssprache immer wieder vorkommt.
Falsch: Bundesverteidigungsminister Rühe sagte, die deutschen Soldaten würden in Somalia bleiben.
Richtig: Bundesverteidigungsminister Rühe sagte, die deutschen Soldaten blieben in Somalia.

Zeiten und Zeitenfolge

Die Nachrichten berichten meist über Dinge, die sich vor kurzer Zeit ereignet haben – am selben Tag, vor einigen Stunden, manchmal vor wenigen Minuten. Die Zeitform dafür ist überwiegend das Perfekt:
Leipzig – Die Bundesbank hat heute zum vierten Mal in diesem Jahr die Leitzinsen gesenkt.
Genauso formulieren wir auch in der Umgangssprache. Wir sagen:
Ich habe mir heute ein Fahrrad gekauft.
In beiden Beispielen geht es um Dinge, die zwar *vergangen* sind, aber noch einen *direkten Bezug zur Gegenwart* haben: Die Bundesbank hat die Leitzinsen gesenkt, das hat Folgen für Wirtschaft und Verbraucher; ich habe das Fahrrad gekauft, jetzt kann ich damit fahren.

Das Perfekt schlägt also eine Brücke zwischen Vergangenheit und Gegenwart. Der Duden schreibt dazu: »Das Perfekt wird vor allem dann verwendet, wenn das Ergebnis oder die Folge eines Geschehens im Sprechzeitpunkt (noch) belangvoll ist. So ruft jemand, der am Morgen aus dem Fenster schaut und frisch gefallenen Schnee sieht: ›Es hat geschneit!‹«[1]
Sicherlich wird er nicht rufen: Es schneite!, und der Mann, der abends nach Hause kommt, wird kaum zu seiner Frau sagen: Ich kaufte mir heute ein Fahrrad. Also sollte es auch in den Nachrichten nicht heißen:
Die Bundesbank senkte heute zum vierten Mal in diesem Jahr die Leitzinsen.
Ein solcher Gebrauch des Imperfekts (das oft auch als Präteri-

tum bezeichnet wird) an Stelle des Perfekts ist stilistisch fragwürdig und weit von der Sprache des Hörers entfernt. Der Duden spricht vom »Ästhetenpräteritum«, das vom Schreiber nur deshalb benutzt wird, weil er es für vornehmer hält als das Perfekt. Nachrichtensprache soll aber nicht vornehm, sie soll funktional und verständlich sein.

Das Imperfekt, das ein vergangenes und abgeschlossenes Geschehen kennzeichnet, hat in den Nachrichten allerdings seinen Platz. Es wird benutzt, sobald wir mit Hilfe des Perfekts den Schritt aus der Gegenwart in die Vergangenheit getan haben. Nach dem Leadsatz Die Bundesbank hat heute zum vierten Mal in diesem Jahr die Leitzinsen gesenkt fahren wir deshalb fort:
    Auf einer Sitzung in Leipzig verringerte der Zentralbankrat den Diskontsatz um einen halben Prozentpunkt auf 6,75 Prozent. Der Lombardsatz wurde auf 8,25 Prozent herabgesetzt. Bundesbankpräsident Schlesinger sprach von einer Fortsetzung der Politik vorsichtiger Zinssenkungen.

Dieser Wechsel vom Perfekt zum Imperfekt kommt vielfach auch in der Umgangssprache vor. Ein Beispiel:
    Gestern habe ich einen Freund von mir getroffen. Das war so: Ich stand gerade ... Plötzlich klopfte mir jemand auf ... Ich drehte mich um ... Und wen sah ich?[2]

Plusquamperfekt. Häufig müssen wir in den Nachrichten einen weiteren Zeitschritt in die Vergangenheit tun, wenn wir die Vorgeschichte schildern wollen. Wir tun es mit Hilfe des Plusquamperfekts, der »Vorvergangenheit«:
    Für eine Senkung der deutschen Leitzinsen hatte sich auch der amerikanische Präsident Clinton eingesetzt.
Wie nach dem einleitenden Perfekt kann ich jetzt auch nach dem Plusquamperfekt mit dem Imperfekt fortfahren:
    Clinton sagte gestern Abend, ein solcher Schritt

sei für eine weltweite Konjunkturankurbelung
wichtig. Der US-Präsident fügte hinzu ...
Es ist also nicht erforderlich, durchgehend das gerade für Nachrichtentexte schwerfällige Plusquamperfekt zu benutzen: Clinton hatte gestern Abend gesagt ... Der US-Präsident hatte hinzugefügt ...
In einigen Mundarten gibt es eine Art übertriebenes Plusquamperfekt: Ich habe das gesagt gehabt ... Er war drei Jahre inhaftiert gewesen ... Das sollten wir nicht übernehmen!

Auch das Präsens taucht in der Nachrichtensprache auf, besonders in Leadsätzen:
München – Etwa 60 Mitglieder der Umweltschutzorganisation Greenpeace blockieren seit heute früh das bayerische Atomkraftwerk Gundremmingen ...
Bonn – Der Bundesverband der Allgemeinen Ortskrankenkassen lehnt einen Versicherungsbonus für gesundheitsbewußtes Verhalten ab ...
Auch Dinge, die eigentlich noch in der Zukunft liegen, drücken wir oft mit dem Präsens aus:
Straßburg – Das Europaparlament befaßt sich heute mit dem Vertrag von Maastricht ...
Vom Duden wird das ausdrücklich zugelassen: »Das Präsens bezieht sich auch auf noch nicht begonnenes Geschehen ...«
Für die Nachrichten hat der Gebrauch des Präsens den Vorteil der größeren Einfachheit. Jedes Futur bedeutet automatisch ein zweigeteiltes Verb, was die Verständlichkeit beeinträchtigen kann. (vgl. »Sechs Sünden gegen die Verständlichkeit«)

[1] Duden, Band 4, Die Grammatik, Mannheim 1984
[2] Harweg, R., Die Rundfunknachrichten, Poetica 2, (1968)

Verantwortungsbewußter Sprachgebrauch

Journalisten gehen zuweilen gedankenlos mit der Sprache um. Das wird jedesmal deutlich, wenn die Deutsche Gesellschaft für Sprache ihre »Unwörter des Jahres« benennt. 1992 waren es unter anderem die Wörter Ethnische Säuberung, Neger aufklatschen und aufenthaltsbeendende Maßnahmen – Wörter, in denen viel Inhumanität zum Ausdruck kommt, die aber trotzdem auch im Radio zu hören waren.

Gedankenlos ist schon der Medienjargon. Nachrichtensprache wird zur lächerlichen Sondersprache. Welcher Fußballfan kommt aus dem Stadion und erzählt, daß der Schlußmann (also der Torwart) glänzend gehalten habe, welcher Kinobesucher spricht vom Streifen, welcher Wähler vom Urnengang? Schlußmann, Streifen, Urnengang – Wörter, die nur in den Medien vorkommen, überflüssig wie Kröpfe.

Blähstil. Überflüssig sind auch alle Wörter, die schon in der »Stilfibel« von Ludwig Reiners als Ausdruck des »Blähstils« gebrandmarkt wurden. Oft sind es Übernahmen aus dem Amts- oder Juristendeutsch. Im Kreuzungsbereich heißt es im Polizeibericht, obwohl an der Kreuzung genügen würde, lärmintensiv nennen die Stadtplaner eine Ausfallstraße, laut ist ihnen zu schlicht, der Rechtsanwalt will etwas unter Beweis stellen, wo doch beweisen reichen würde.

In der Politikersprache feiert der Blähstil immer wieder Triumphe – vor allem weil Politiker gern verschwommene, pseudowissenschaftliche Begriffe benutzen – sei es um zu imponieren, sei es, um eine Festlegung zu vermeiden.
Der Sprachwissenschaftler Uwe Pörksen[1] nennt diese Begriffe Plastikwörter. Er meint damit Wörter, die alles und nichts sagen, letztlich also beliebig sind. Als Beispiel für ihre Austauschbarkeit reiht er folgende »Plastikwörter« aneinander: »Information ist Kommunikation, Kommunikation ist Austausch, Austausch ist eine Beziehung, Beziehung ist ein Prozeß, Prozeß bedeutet Entwicklung, Entwicklung ist ein Grundbedürfnis, Grundbedürfnisse sind Ressourcen, Ressourcen sind ein Problem, Probleme bedeuten Dienstleistung, Dienstleistungssysteme sind Rollensysteme, Rollensysteme sind Partnersysteme, Partnersysteme bedeutet Kommunikation.« Erhard Eppler meint das gleiche, wenn er von »abstrakten Allzweckwörtern« spricht. Seine »Musterphrase« lautet so:

Musterphrase

> Ich gehe davon aus, daß die Entwicklung der
> Lage die Lösung der Probleme erleichtert,
> aber auch eine Herausforderung darstellt,
> denn die unabdingbare Voraussetzung für die
> Akzeptanz unserer Politik ist es, daß wir
> den Bürgern nicht in die Tasche greifen,
> sondern uns durch gezielte Maßnahmen als
> Partei des Aufschwungs profilieren.

aus: Erhard Eppler, Kavalleriepferde beim Hornsignal – die Krise der Politik im Spiegel der Sprache, Frankfurt/M. 1992

Der Nachrichtenredakteur kann sich dieser Art Sprache sicher nicht völlig entziehen, oft ist er ja gezwungen, Aussagen anderer wörtlich zu zitieren. Genauso oft ist es aber möglich, Blähstil und Angeberdeutsch durch schlichtere Sprache zu ersetzen. Je schlichter und konkreter, desto besser.

In den Nachrichten kommen diese verschwommenen Begriffe oft nur vor, weil der Redakteur die Wiederholung eines anderen konkreteren Wortes vermeiden will:
> XY hat eine Erhöhung der Mineralölsteuer empfohlen. Er sagte, diese Maßnahme werde ...

Viel besser wäre es, auf das abstrakte Ersatzwort Maßnahme zu verzichten und ruhig das zu wiederholen, was gemeint ist:
> Er sagte, die höhere Mineralölsteuer ...

(siehe Beitrag »Beim zentralen Begriff bleiben«)

Keine versteckte Beschönigung. Ein hohes Maß an Wachsamkeit ist erforderlich, wenn Politiker und andere Interessenten versuchen, die öffentliche Sprache in ihrem Sinne zu prägen und für ihre Ziele zu benutzen. Immer wieder tauchen Wörter auf, die eine offene oder versteckte Parteinahme enthalten. Der Redakteur darf sie nicht verwenden, es sei denn als Zitat.
Gemeint sind hier vor allem beschönigende Ausdrücke, Wörter, die den wahren Sachverhalt verhüllen oder in besserem Licht erscheinen lassen sollen: Thermische Verwertung **(statt** Müll-

verbrennung), Gewerbepark (statt Industriegelände), finaler Rettungsschuß (statt Tötung eines Straftäters), Waffenmodernisierung (statt Aufrüstung), Abwickeln (statt Stillegen, Schließen).

Tabu sind alle Wörter, die offen gegen etwas polemisieren oder Menschen versteckt herabsetzen.
Beispiele für offene Polemik: Lohndiktat, Lohnraub, Sozialabbau, Berufsverbot. Solche Wörter kann der Redakteur nur zitieren, in die eigene Aussage darf er sie nicht übernehmen.
Beispiele für versteckte Diffamierung: Asylanten, Spekulanten, Stammesbrüder, Technokraten, Bürokraten, Wirtschaftsflüchtlinge, Durchseuchungsgrad, Asylbewerberflut, Ausländerzustrom.

Auch die Zentralbegriffe des Nationalsozialismus sind selbstverständlich tabu: Endlösung – das Synonym für die systematische Vernichtung der Juden und Sonderbehandlung – ein besonders böser Euphemismus für die Tötung von Menschen. Sprachlich sensible Redakteure werden auch auf einige andere Wörter verzichten, mit denen in der Nazizeit Unmenschlichkeit und Grausamkeit kaschiert wurden:
liquidieren, ausmerzen, selektieren, ausschalten.

Parteienstreit um Wörter. In eine gewisse Verlegenheit kann der Redakteur geraten, wenn der aktuelle Meinungsstreit die Sprache erfaßt und dies dazu führt, daß alle Bezeichnungen einer Sprache parteilich besetzt sind.
Das beste Beispiel für ein derartiges Dilemma stammt aus den 70er Jahren. Wer damals in der Bundesrepublik die RAF als Baader-Meinhof-Gruppe bezeichnete, galt vielfach schon als Sympathisant der Terroristen. Wer das Wort Baader-Meinhof-Bande benutzte, mußte sich den Vorwurf gefallen lassen, er beteilige sich an einer Hetzjagd gegen die gesamte Linke.
Was bleibt dem Nachrichtenredakteur, der objektiv zu berichten hat und keine Gruppe von Hörern verprellen will? Eine gequälte Umschreibung wie kriminelle Vereinigung Baader-Meinhof oder aber die sorgfältig überlegte Entscheidung der gesamten Redaktion für einen der umstrittenen Begriffe. Man

muß sich ja auch in anderen Fällen – etwa bei strittigen Städtenamen – so oder so entscheiden (siehe Beitrag »Probleme mit Orts- und Personennamen«).

[1] Uwe Pörksen, Plastikwörter. Die Sprache einer internationalen Diktatur, Stuttgart 1988

Zweifelsfall: Abwertende Begriffe

Heißt es in der wertungsfreien Nachrichtensprache immer Regierung, oder gibt es auch Regimes? Kann ein Staatschef zum Diktator werden?
Bei allen kommentierenden Elementen ist höchste Zurückhaltung geboten. Selbst wenn kommentierende Anmerkungen nur bei einem kleinen Teil des Hörerpublikums auf Ablehnung stoßen, vermindern sie insgesamt die Glaubwürdigkeit der Nachrichten. Strikte Neutralität zahlt sich allemal aus.
Freilich gibt es auch hier Ausnahmen: Die Greueltaten des ugandischen Diktators Idi Amin waren seinerzeit so notorisch, daß wahrscheinlich niemand etwas dagegen hatte, wenn man seine Regierung als Regime bezeichnete.

Müssen es so viele Klischees sein?

Zweifellos ist es die Schnelligkeit der journalistischen Arbeit, die den Nachrichtenredakteur veranlaßt, immer wieder auf Klischees zurückzugreifen. Sie sind eben schnell zur Hand, und nicht jedem fällt gleich etwas Originelles ein: Politiker beenden ein Tauziehen, **Verhandlungen** geraten in eine Sackgasse, **Gremien geben** grünes Licht, **Firmen** schreiben rote Zahlen, **Finanzminister** setzen den Rotstift an, **einer übernimmt** die Vorreiterrolle, **alle Veranstaltungen haben einen** Auftakt, **die Bürger müssen immer wieder** tiefer in die Tasche greifen, **Verbände erstreben den** Schulterschluß, **in Gesprächen geht es um die** Knackpunkte **oder um die** Nagelprobe **(wenn die** Durststrecke **überwunden ist), aber alles ist nur** die Spitze des Eisbergs, **und** das Wetter spielt wieder einmal verrückt.

Müssen es immer diese abgenutzten, halbtoten Metaphern sein? Kann man nicht, statt ein `Tauziehen` zu beenden, sachlich-nüchtern die `Verhandlungen beenden` und, statt `grünes Licht` zu geben, eine Sache auch mal `auf den Weg bringen`?

Ähnlich öde sind viele feste Wortverbindungen, die sich beim schnellen Schreiben automatisch einstellen. Wenn irgendwo gesucht wird, dann `fieberhaft`, wenn die Polizei eine Straße oder ein Gebiet `abriegelt`, dann `hermetisch`, wenn sie eine Spur verfolgt, dann natürlich eine `heiße`, wenn jemand Druck ausübt, dann `massiven`, und wenn es irgendwo zu Kämpfen kommt, dann müssen diese `toben`. Kritik kann gar nicht anders sein als `heftig`, große Mehrheiten sind meistens `überwältigend`, und die Feuerwehr ist natürlich nur `pausenlos` im Einsatz.

Auch Neologismen, also die neu geprägten Wörter, sind oft genug rasch abgenutzt, gerade weil sie von jedermann – besonders von den Medien – begierig aufgegriffen werden. Kein Nachrichtenredakteur kann ohne die jeweils neuen Zentralbegriffe oder auch Modewörter auskommen. `Waldsterben`, `Treibhauseffekt`, `Runder Tisch`, `Geisterfahrer`, `Mülltourismus`, `Verkehrsinfarkt` und `Altlasten`. Unbrauchbar sind diese Neologismen dann, wenn der Überdruß an ihnen größer wird als ihr Reiz. Vom `Butterberg` und von der `Kostenexplosion` will niemand mehr etwas hören.

Eigene und fremde Aussage unterscheiden

Wenn der Nachrichtenredakteur über Äußerungen anderer Menschen berichtet, darf er diese Äußerungen nicht einfach in die eigene Aussage übernehmen. Negativbeispiel:
```
Bundeskanzler Kohl ist fest davon überzeugt,
daß Rußland weiter abrüsten wird ...
```

Woher kennt der Redakteur die Überzeugung des Kanzlers? Man wird sagen: Aus dessen eigenen Worten. Eine recht naive Antwort! Meinungsäußerung und tatsächliche Meinung sind

doch keineswegs das gleiche. Und gerade einem Politiker wird niemand unbedingt glauben, wenn dieser sagt: »Ich bin der Meinung, ich habe die Absicht, ich bin fest entschlossen ...«. Der korrekt arbeitende Journalist wird in diesen Fällen nur das sagen, was er verantworten kann, nämlich:
```
X hat die Meinung geäußert, ...
Y hat - nach eigenen Worten - die Absicht ...
Z ist - nach eigenen Angaben - entschlossen ...
```
»Die Sprache ist dem Menschen gegeben, um seine Gedanken zu verbergen«, meinte schon der französische Staatsmann Talleyrand. Und Konrad Adenauer gab offen zu: »Ein Politiker darf niemals sagen, was er denkt.«

Vorsicht auch bei Formulierungen wie:
```
Der amerikanische Außenminister hat die Konfe-
renzteilnehmer über die militärische Bedrohung
durch den Irak unterrichtet ...
```
Gibt es diese Bedrohung tatsächlich, oder ist sie nur eine Ansichtssache des Außenministers?
```
Die Freien Demokraten wenden sich gegen die
Überversorgung im Öffentlichen Dienst.
```
Gibt es diese Überversorgung tatsächlich, oder sind nicht zumindest die öffentlich Bediensteten selbst ganz anderer Meinung? Vielfach genügt in solchen Fällen der *unbestimmte Artikel*, um Distanz zu wahren. Hier würde es also heißen:
```
Die Freien Demokraten wenden sich gegen eine
Überversorgung ...
```
Oft ist der Konjunktiv die sauberste Möglichkeit, zwischen eigener und fremder Aussage zu unterscheiden (siehe Beitrag »Die indirekte Rede steht im Konjunktiv«).

Das Hilfsverb »sollen« hat eine ähnliche Funktion. Es ermöglicht ebenfalls, sich von fremden Aussagen, vor allem von Spekulationen und unbestätigten Tatsachenbehauptungen, klar zu distanzieren.
```
Die USA sollen weitere Waffen an den Iran ge-
liefert haben. Das meldet die Nachrichtenagen-
tur AP unter Berufung auf ...
```
Allerdings darf man das Hilfsverb `sollen` nicht mit dem Infinitiv der Gegenwart kombinieren. Negativbeispiel: `Die Bundes-`

wehr soll auf den Jäger 90 verzichten. **Ist das die Forderung eines Politikers?** Dann muß er schon in diesem Satz genannt werden. Ist das eine unbestätigte Information? Dann muß es heißen: Die Bundeswehr soll die Absicht haben, auf den Jäger 90 zu verzichten.

Der Zusatz »sogenannt« ist ein anderes Mittel der sprachlichen Distanzierung. Er ist dann angebracht, wenn man beim Schreiben unbedingt Anführungszeichen setzen würde, also immer dann, wenn zentrale Begriffe benutzt werden, die einem Teil des Hörerpublikums noch unbekannt sind oder parteilich erscheinen. Beispiele:
    der sogenannte Solidarpakt ...
    die sogenannte Warteschleife ...
Allerdings kann die Distanzierung von einem Wort leicht als Distanzierung von der Sache (und damit als Parteinahme) mißverstanden werden. Das blanke Wort Klimakatastrophe wird Hörer verärgern, die eine solche Katastrophe eher für ein Hirngespinst halten. Die vorsichtige Formulierung sogenannte Klimakatastrophe kann die Hörer vergraulen, die von katastrophalen Umweltveränderungen fest überzeugt sind. Als Auswege bleiben nur die Vermeidung eines solchen Reizwortes oder die wohlüberlegte redaktionelle Entscheidung dafür oder dagegen.

Starke Worte. Sparsam sollte man jedenfalls mit einem weiteren, etwas schwerfälligen Mittel der Distanzierung umgehen: mit dem Einschub so wörtlich. Er ist nur angebracht, wenn ein Zitat in der indirekten Rede eine besonders drastische Formulierung enthält:
    CDU-Generalsekretär Hintze sagte, die deutsche
    Öffentlichkeit wolle wissen, wofür die SPD den
    - so wörtlich - »Judaslohn« bezahlt habe ...
Eleganter wäre eine Aufteilung der Aussage in zwei Sätze:
    ... Hintze sagte, die deutsche Öffentlichkeit
    wolle wissen, wofür die SPD das Geld bezahlt
    habe. Wörtlich sprach er von »Judaslohn«.

Probleme mit Orts- und Personennamen

Der Hörer war erbost: Der Leipziger Nachrichtenredakteur, der einen `Waldbrand bei Zielona Gora` gemeldet hatte, konnte nur eine »rote Socke« und ein »sozialistischer Geschichtsinterpret« sein. »Der Ort im Schlesischen«, so belehrte der Hörer die Redaktion, habe den Namen `Grünberg`.
`Preßburg` oder `Bratislava`, `Tiflis` oder `Tbilissi`? – das sind Fragen, die Nachrichtenredaktionen immer wieder vor Schwierigkeiten stellen.
Bei `Prag` oder `Mailand` ist es einfach. Das sind sogenannte *Exonyme*. Das heißt, die Städte haben einen historischen deutschen Namen, den jeder kennt. Niemand käme auf den Gedanken, hier von `Praha` oder `Milano` zu sprechen.

Doch was ist mit »Grünberg« oder »Zielona Gora«? Grünberg liegt zwar im Schlesischen, doch seit 1945 gehört es zu Polen. Aus »Grünberg« wurde »Zielona Gora« – und so hieß es auch über 40 Jahre offiziell in der DDR. Resultat: Kaum ein Ostdeutscher kennt mehr `Grünberg`, viele kennen aber `Zielona Gora`.
Das ist im Westen Deutschlands nicht anders. `Zabern` oder `Saverne`? – Wie immer sich der Saarländische Rundfunk entscheidet, wenn es um die Stadt im Elsaß geht: Das Wohlgefallen aller Hörer wird er nicht finden.
Die Situation ist verworren. Völkerrechtliche Vereinbarungen, offiziell verordnete Bezeichnungen und Gewohnheiten der Hörer lassen sich offenbar nicht unter einen Hut bringen.

Maßstab sollten deshalb die Hörer sein: Kennen mehr Hörer `Zielona Gora` oder mehr `Grünberg`, mehr `Saverne` oder mehr `Zabern`?
Doch egal, wie man es macht: es wird immer mindestens einen Hörer geben, der sich auf den Schlips getreten fühlt. Meist nicht, weil er `Zielona Gora` oder `Saverne` nicht kennt, sondern weil er aus Prinzip für `Grünberg` oder `Zabern` ist.

Personennamen. Wenn sich Oberbürgermeister Paul Müller zu Wort meldet, dann ist die Sachlage klar. Der Mann heißt Müller, sein Vorname ist Paul. In den Nachrichten sprechen wir also fortan vom `Oberbürgermeister Müller`. Doch was tun, wenn der thailändische Kronprinz Smdej Phra Barom Orojsathri Maha Vajiralongkorn Sayam-Mongut Rajakumarn ins Weltgeschehen eingreift? Dann kann man in der thailändischen Botschaft anrufen und erfährt, daß es genügt, den Kronprinzen `Vajiralongkorn` zu nennen.

Auch in anderen Sprachen gibt es Probleme. Hier einige praktische Tips:

Rußland – Michail Sergejewitsch Gorbatschow. Der zweite Name ist der Vatersname. Es genügen aber Vor- und Nachname: `Michail Gorbatschow`.

Spanien – Felipe Gonzalez Marquez. Felipes Vater hieß Gonzalez, seine Mutter Marquez. Will man sich beschränken, genügt der Vatersname. Also: `Felipe Gonzalez`.

Japan – Japaner haben einen Vor- und Nachnamen. Wenn die Skispringer Takahori Kono und Masashi Abe einen Doppelsieg gelandet haben, reicht also: `Gold und Silber für Kono und Abe`.

China – Hier ist es umgekehrt. Der Familienname steht vor dem Vornamen. Mao Zedongs Familienname war also `Mao`.

Vietnam – Nguyen Van Xuen. Vietnamesen haben einen Familien-, Bei- und Vornamen. Jeder zweite Vietnamese heißt übrigens `Nguyen`.

Afghanistan – Ahmed Shah Massud – Der Vorname ist Ahmed-Shah (der Gelobte des Schah), der Nachname `Massud` (der Glückliche), nicht alle Afghanis haben einen Nachnamen, wie z. B. `Najibullah` (der Gottesfürchtige).

Irak – Ahmed bin Mas'ud bin Khalifa al Bagdadi – Ahmed, der Sohn des Masud, der Sohn des Khalifa, der Bagdader. Als Kurzform ist `Ahmed al-Bagdadi` möglich.

Kuweit – Scheich Jaber al-Ahmed al-Jaber Al Sabah – Scheich Jaber des Ahmed des Jaber aus der Familie des Sabah. Es genügt, den Emir von Kuweit `Scheich Jaber al-Sabah` zu nennen.

Mit den Namen im arabisch-islamischen Sprachraum haben selbst Orientalisten Probleme. Sie raten, in Zweifelsfällen besser alle Bestandteile des Namens zu nennen. Bei sehr langen Namen hat man mit dem ersten und letzten Namen den größten Erfolg.

> ## Zweifelsfall: Adelsprädikate
>
> Kann bei der Wiederholung eines adeligen Namens das von wegfallen?
> Ja. Die Radionachrichten sind auch in diesem Punkt keine Hofberichterstattung. Also im ersten Satz: Bundespräsident von Weizsäcker hat angekündigt ..., im zweiten Satz aber: Weizsäcker sagte ...
> Bei der ersten Nennung eines Adelsnamens genügt die Kurzform, es muß nur die richtige sein. Also nicht: `Bauernpräsident Constantin Bonifatius Hermann Josef Maria Freiherr Heereman von Zuydtwyck`, auch nicht `Bauernpräsident Heereman`.
> Wer es nicht weiß, muß nachschlagen – z.B. im Munzinger oder im »Who is Who«.

Kleines sprachliches Sündenregister

Unterstellungen: Nicht Wörter benutzen, die etwas *unterstellen*, was noch gar nicht erwiesen ist:
```
Der Angeklagte leugnete ...
Der Zeuge belastete ...
Der Politiker behauptete ...
```

Äußerungen anderer nicht unkritisch übernehmen:
```
Die Absatzkrise zwingt die Firma zum Stellen-
abbau.
```
– Vielleicht ist der Grund nur vorgeschoben.
```
Der Regierungssprecher wollte dazu nichts sa-
gen.
```
– Vielleicht durfte er nicht.
```
Die Polizei mußte schließlich eingreifen.
```
– Mußte sie?

Nach Einleitungsformeln folgt der Hauptsatz im Indikativ, nicht im Konjunktiv:

Wie der Geschäftsführer bekanntgab, hat (nicht habe) die Firma Konkurs angemeldet.
Nach Angaben des Sprechers ist (nicht sei) die Konferenz ergebnislos geblieben.
Laut dpa hat ... (nicht habe)

Der Journalist macht das Interview mit dem Politiker, nicht der Politiker macht das Interview mit dem Journalisten. Es heißt also:
In einem Interview der »Augsburger Allgemeinen« sagte X ... **und nicht**
In einem Interview mit der »Augsburger Allgemeinen« ...

Manche Ländernamen benötigen den Artikel:
Der Iran, der Irak, die Ukraine, das Saarland

Auch Namen mit Artikel werden dekliniert, es heißt also:
In der neuesten Ausgabe des »Spiegels« ...
In einem Schreiben der »Roten Armee Fraktion« ...
Der Kurs des Dollars ...

Vorsicht bei der Übernahme von Amtsdeutsch:
Qualifizierungsoffensive, strafbewehrtes Vermummungsverbot, hohes Verkehrsaufkommen, nachlassende Niederschlagstätigkeit.
Auch die bürokratischen Verben durchführen, erfolgen, erstellen, beinhalten, ausrichten kann man vermeiden.

Keine groben Anglizismen:
In 1991 – **besser:** im Jahr 1991
Sinn machen – **besser:** sinnvoll sein, Sinn ergeben
einmal mehr – **besser:** wiederum, erneut.

Angemessene Sprachebene einhalten:
Nicht hochgestochen: Sachsens Ministerpräsident Biedenkopf ... (vorangestellter Genitiv klingt gekünstelt), Gattin, Gemahl ... **und nicht vulgär:** Knast, Knatsch, erwischen, kaputt, schnappen, Miese machen.

Besondere Unwörter der Nachrichtensprache:

`Visite`: **paßt höchstens zum Chefarzt, nicht zum Bundeskanzler**
`Amtskollege`: **paßt, wenn zwei Menschen im selben Amt arbeiten, nicht aber bei zwei Ministern aus verschiedenen Ländern. Die sind höchstens Berufskollegen. Warum nicht** `Minister` **wiederholen?**
`Selbstbezichtigungsschreiben`: **Wortschöpfung der Kripo. Noch schlimmer als** `Bekennerbrief`.
`Bei einem Attentat die Verantwortung übernehmen`: **Zahlen die Täter auch die Hinterbliebenenrente?**
`Vier-Augen-Gespräch`: **Niemand weiß, wie das funktionieren soll.**
`fordern` **im Zusammenhang mit Unglücken, Attentaten usw.: Unglücke fordern nichts, schon gar keine Opfer.**
`gegenüber`: **nach einem Kalauer steht gegenüber der »Frankfurter Rundschau« zwar eine Würstchenbude, dort werden aber keine Interviews gegeben.**

Die Nachrichtensendung

Nachrichtenauswahl

»All the news that's fit to print« verpricht täglich die »New York Times«. Doch dieser hehre Anspruch ist wohl immer nur ein Werbeslogan gewesen. Auch im Radio ist »all the news that's fit to broadcast« unmöglich, denn die ca. 2000 Agenturmeldungen, die jeden Tag die Redaktion erreichen, können unmöglich gesendet werden.

Hier nur das Agenturangebot von 3 Minuten (29.4.1993):
1. Sozialhilfe muß für Hochzeit und Tauffeier zahlen
2. Neue Betonhülle für Reaktorblock im Kraftwerk Tschernobyl
3. Zeugenbefragung im Kieler Untersuchungsausschuß
4. Andorra wird souveräner Staat
5. Schießstände sollen sicherer werden
6. Urabstimmung über Streik in Thüringer Metallindustrie
7. Zeugenbefragung im Kieler Untersuchungsausschuß
8. Buckingham-Palast soll für Besucher freigegeben werden
9. Mehr Eigenheimbauer in den USA
10. Tennisturnier in Hamburg
11. Ab Montag Metallerstreik in Sachsen und Mecklenburg
12. Ökologische Filmtage in Dresden
13. Bundespräsident in Tunesien
14. Einhunderttausend Bergleute demonstrieren in Bochum
15. Deutsche Glückwünsche für einen italienischen Regierungschef

Was davon kommt in die Sendung, was in den Papierkorb?
Die Antworten auf diese Frage werden wohl – von Redakteur zu

Redakteur und von Sender zu Sender – unterschiedlich ausfallen. Die Nachrichten über die Großdemonstration in Bochum und den geplanten Metallerstreik in Ostdeutschland werden bestimmt in jeder Sendung ihren Platz finden. In Nordrhein-Westfalen ist sicher die Demonstration der *Aufmacher*, also die erste Meldung, in Sachsen der Streik.
Doch was ist mit dem Buckingham-Palast, den Ökologischen Filmtagen und Andorra? Ganz schwer hat es die Meldung über die Eigenheimbauer in den USA. Sie hat kaum eine Chance. Aber warum?

Nachrichten müssen einen bestimmten Wert haben, um in die Sendung zu gelangen. Sagen zumindest Nachrichtenforscher, die sich schon seit den zwanziger Jahren mit diesem Problem befassen.[1] Sie haben inzwischen ganze Regale mit Büchern über *Nachrichtenwerte* gefüllt.
Die bekanntesten Werte haben 1965 die Norweger Johan Galtung und Marie Holmboe Ruge beschrieben[2]:

Frequenz Kurzfristige Ereignisse (z. B. ein Ministerrücktritt) werden viel leichter zur Nachricht als langfristige Entwicklungen (z. B. der Dauerkonflikt zwischen dem Minister und seinem Staatssekretär). Langfristiges kommt eher in eine Wochen- oder Monatszeitschrift – Nachrichten im Stundentakt leben von Ereignissen, deren Aktualität recht eng definiert ist.

Schwellenfaktor Ein Schwellenwert muß überschritten werden z.B. eine bestimmte Zahl von Toten oder Verletzten bei Unfällen. Die Schwelle ist im Sendegebiet meist niedriger.

Eindeutigkeit Ein Ereignis, das leicht zu überschauen und darzustellen ist, wird eher zur Nachricht. Deshalb haben es oft Wirtschafts- und Wissenschaftsthemen so schwer.

Bedeutsamkeit Man könnte auch sagen: Tragweite. Ein Wirtschaftsabkommen zwischen Syrien und Jordanien hat nur zweiseitige Bedeutung. Das Gaza-Jericho-Abkommen zwischen Israel und der PLO verändert dagegen die politische Lage in der gesamten Region.

Konsonanz	Je mehr ein Ereignis den Vorstellungen und Erwartungen entspricht, desto eher wird es zur Nachricht. Negative Nachrichten über einen Politiker, der skandalumwittert und unbeliebt ist, haben es einfacher als solche über einen Politiker mit scheinbar »weißer Weste«.
Kontinuität	Wenn ein Thema die Öffentlichkeit bereits stark beschäftigt, werden alle Neuigkeiten zu diesem Thema sofort beachtet: Dauerbrennereffekt! Themen, die nicht im Blickfeld der Medien sind, führen oft ein Schattendasein.
Überraschung	Unvorhersehbares, Sensationelles ist das, worauf jeder Journalist lauert. Nur scheinbar ein Widerspruch zum Nachrichtenfaktor »Konsonanz«.
Variation	Wenn in der Sendung noch ein Unglück oder noch eine außenpolitische Meldung »gebraucht« werden, um das Nachrichtenbild auszubalancieren, werden sie nur deshalb aufgenommen.
Bezug auf Elitenation	Nachrichten aus der »Dritten Welt« sind in den Redaktionen oft nur »dritte Wahl«.
Bezug auf Eliteperson	Auch Äußerungen von Vertretern von amnesty international, Pro Asyl oder der Gesellschaft für bedrohte Völker haben es meist schwerer als Äußerungen eines prominenten Parteipolitikers.
Personalisierung	Je stärker ein Ereignis personalisiert ist oder sich in Einzelschicksalen darstellt, desto eher wird es zur Nachricht, z. B. die Evakuierung eines einzelnen Kindes aus dem belagerten Sarajewo.
Negativismus	Je mehr ein Ereignis auf Konflikt, Aggression, Zerstörung oder Tod bezogen ist, desto stärker wird es beachtet.

Andere Forscher haben andere Nachrichtenwerte hervorgehoben:

Nähe	Ein leichtes Erdbeben auf der schwäbischen Alb hat größeren Nachrichtenwert als ein schweres Erdbeben in China.
Betroffenheit	Eine Nachricht, die die Hörer direkt angeht, ist meist wichtiger als jede noch so interessante andere Meldung. (Es muß gar nicht immer der Geldbeutel betroffen sein.)
Nutzen	Nachrichten zum Danachrichten. Die Amerikaner sagen: news to use.
Dramatik	Der spannende Ablauf eines Ereignisses steigert das Interesse der Hörer. Beispiel:. Geiselnahme.
Fortschritt	Jahrzehntelang ein bedeutender Nachrichtenfaktor, heute ökologisch gefiltert.
Enthüllung	Nicht erst seit der Watergate-Affäre attraktiv.
Emotionalität	Was die Gefühle des Hörers berührt, ist eher eine Nachricht als das, was ihn kalt läßt.
Superlativismus	Der höchste Wolkenkratzer, der schnellste Zug, das größte Haushaltsdefizit ...

Das Lager der Nachrichtenforscher ist gespalten. Neben der Nachrichtenwerttheorie gibt es die *Gatekeeper*forschung; sie sieht im Redakteur einen Schleusenwärter, der weitgehend isoliert über die Nachrichtenauswahl entscheidet. Die *News-Bias*-Forscher hingegen fragen nach einem Zusammenhang zwischen den Auswahlentscheidungen und den Erwartungen anderer – den Erwartungen des Verlegers, des Chefredakteurs oder der Kollegen. Anleitungen für den Redakteur, welche Nachricht er auswählen soll und welche nicht, bieten die Wissenschaftler jedoch nicht. Sie zeigen eher die Praxis der Nachrichtenauswahl in den Redaktionen.

Doch die Auswahl der Nachrichten sollte kein Dogma sein. Gerade die Werte von Nachrichten wandeln sich. Was gestern ein Spitzenthema war (US-Präsident in Moskau), spielt heute möglicherweise nur eine Nebenrolle. Und Meldungen, die gestern kaum jemand angerührt hat (Schutz der Erdatmosphäre), landen heute auf dem ersten Platz. Deshalb: keine Auswahl nach Schablone!

Wer über den Wert einer Nachricht befindet, sollte die Situation, die Zusammenhänge an diesem Tag, ja in dieser Stunde beachten.

Ein festes Regelwerk gibt es also nicht, dafür aber Leitlinien, die – zusammen gesehen – zumindest am Anfang die Orientierung im Nachrichtendickicht erleichtern. Behalten Sie folgende Fragen im Hinterkopf:
1. Wer hört mir zu? Sind es z. B. Nachrichten für ein Popmusikprogramm oder ein Klassikradio, für mehrere Programme einer Mehrländeranstalt oder für eine Citywelle. Was wollen meine Hörer erfahren, was sollen meine Hörer erfahren? Was ist wichtig für sie?
2. Ist ein Ereignis so wichtig, daß man es auch in vier Wochen oder in einem Jahr noch wissen muß, oder kann man es gleich wieder vergessen?
3. Ist das Ereignis ungewöhnlich oder im Grunde alltäglich?
4. Ist das Ereignis so interessant, daß man es auch privat weitererzählen wird, daß man vielleicht lange darüber nachdenken kann, daß man sich spontan darüber freut oder ärgert, oder ist es letzten Endes banal und langweilig?

[1] Den Anfang machte: Walter Lippmann, Public Opinion, New York 1922.
[2] Johan Galtung, Marie Holmboe Ruge, The Structure of Foreign News. In: Journal of Peace Research, 2 (1965), S. 64-91

Was kann in den Papierkorb?

Entbehrlich sind Pseudonachrichten, die inhaltlich gar nichts Neues enthalten, zum Beispiel bestimmte *Rituale* im politischen Betrieb (etwa das wöchentliche Zusammentreten eines Parteigremiums), *protokollarische Akte* (Glückwunschtelegramme, Kondolenzbotschaften), *Jubiläen* (sofern sie nicht eine eigene Dynamik entwickeln).

Auch Unglücksmeldungen aus aller Welt gehören vielfach zu den überflüssigen Bestandteilen des Agenturangebots. Sie gelangen nur zu uns, weil es technisch so einfach geworden ist. Auch wenn es zynisch klingt: Mit einer Meldung über ein Omnibusunglück in Indonesien kann hier niemand etwas anfangen, selbst wenn dabei 50 Menschen ums Leben kamen.

Viele angebliche Kuriositäten erweisen sich bei näherem Hinsehen ebenfalls als völlig uninteressant, vor allem Meldungen aus Politikerfamilien (Bushs Tochter heiratet), Berichte aus Königshäusern (Beatrix trauert um ihren Hund), kriminelle Taten, die nicht im Nahbereich spielen und keine Prominenten betreffen (Nachbar erstickte Arztfrau) und Rekorde, die nur für das Guiness-Buch aufgestellt werden (Längster Stammtisch der Welt). Wer längere Zeit das Kuriositätenangebot der Agenturen beobachtet, kann feststellen, daß sich bestimmte Dinge in regelmäßigen Abständen wiederholen: die Postkarte, die 45 Jahre unterwegs war, die Hochzeitsgesellschaft, die vergifteten Schnaps trinkt, und der Lotto-Gewinner, der zum ersten Mal getippt hatte.

Auch viele Umfrageergebnisse erweisen sich als reine Papierverschwendung:
    Frauen stellen Uhren nicht so gern auf Winterzeit um.
    Berliner trinken weniger Alkohol als andere Großstädter.

Gute Ratschläge sind zwar lebensnah, der Hörer liebt es aber vermutlich nicht, wenn ständig der moralische Zeigefinger erhoben wird, besonders wenn es sich um Selbstverständlichkeiten handelt:
    Familienministerin warnt vor gedankenlosem Spielzeugkauf.
    Weihnachtsbriefe bis zum 21. Dezember versenden.

Einen Sonderfall stellen die Meldungen dar, mit denen Automobilunternehmer bestimmte Fahrzeuge in die Werkstätten zurückrufen, weil kleinere oder größere Materialfehler entdeckt wurden. Hier muß der Redakteur prüfen, ob wirklich Gefahr im Verzuge ist, und ob es sich bei den Betroffenen um einen ausreichend großen Personenkreis handelt.

Bei allen Spielarten der Volksverdummung gibt es nur eine Abhilfe: den Papierkorb. Zum Beispiel wenn einer behauptet, daß an den Feiertagen mit dem Datum des 13. mehr Unfälle passieren als an anderen Tagen. Auch an unsicheren Prognosen über eine `weiße Weihnacht` oder über den `Osterspaziergang mit Regenschirm` sollte man sich nicht beteiligen.

Völlig unbrauchbar sind die oft unaktuellen Serienmeldungen einzelner Agenturen, die thematisch zusammengefaßt sind und jeweils an einem bestimmten Tag abgesetzt werden. Vorsicht also, wenn es heißt `Bauen und Wohnen`, `Reise und Verkehr` oder `Natur und Umwelt`.

Zuviel heiße Luft?

Sehr oft wird den Nachrichten vorgeworfen, sie enthielten zu viele Verbaläußerungen, sie reproduzierten zu viel »heiße Luft«. Dieser Vorwurf ist teilweise berechtigt, teilweise geht er ins Leere. Sicherlich versuchen Politiker immer wieder, mit Hilfe der Medien ihre Ansichten unters Volk zu bringen und sich selbst bekanntzumachen und zu profilieren (siehe Beitrag »Ein Blick hinter die Kulissen«).
Auch die Medien selbst tragen dazu bei, daß der Nachrichtenmarkt mit Verbaläußerungen überschwemmt wird – man denke nur an etliche Radiointerviews, deren Neuigkeitswert eher mager ist.
Oft genug scheint die Informationsmaschinerie auch im Leerlauf unvermindert auf Hochtouren zu laufen. Der frühere Nachrichtenchef des Hessischen Rundfunks, Bernd-Peter Arnold, verlangt daher von den Nachrichtenredakteuren ein »außerordentlich geschärftes Bewußtsein für Pseudo-Ereignisse«.[1]

Vorrang der Fakten vor den Meinungen – das kann bei der Nachrichtenauswahl eine gute Regel sein. Normalerweise sind nämlich neue Fakten wichtiger und interessanter als neue oder gar alte Meinungen. Auch im täglichen Leben kann man immer wieder die Erfahrung machen, daß über neue Fakten viel eher gesprochen wird als über Meinungsäußerungen.

Politische Argumentation gehört andererseits untrennbar zum Prozeß der demokratischen Meinungs- und Willensbildung. Wie soll sich der Bürger zum Beispiel über die Notwendigkeit oder

die Gefahren einer gemeinsamen europäischen Währung klar werden, wenn nicht Pro- und Contra-Argumente gegeneinander abgewogen werden. Ohne politischen Diskurs keine begründete Meinungsbildung. Es wäre also völlig falsch, die Wiedergabe politischer Meinungen in Bausch und Bogen abzulehnen.
Im übrigen ist der Meinungsstreit oft spannender, als man bei oberflächlicher Betrachtung annimmt.

Maßgebend für die Auswahl bleiben auch bei Politikeräußerungen allein die journalistischen Kriterien: Was ist neu? Was ist wichtig? Was ist interessant? Dies garantiert, daß der Redakteur nicht zum Briefträger des Politikers wird. Darüber hinaus ist die Beachtung der journalistischen Kriterien eine Garantie dafür, daß nicht nur die etablierten Parteien oder Organisationen, sondern auch kleine Gruppen zu Wort kommen – wenn sie etwas Interessantes zu sagen haben.

Seine eigene politische Überzeugung muß der Redakteur bei der Auswahl von Meinungsäußerungen möglichst ganz vergessen. Auf keinen Fall darf er sie zum Maßstab machen. Gerade in diesem Punkt kann der Redakteur seine Unparteilichkeit und Sachkompetenz beweisen.

[1] Media-Perspektiven 1/1992, S. 32

Protokollmeldungen

Ob der Kanzler jemanden zu einem Höflichkeitsbesuch empfing oder ob ein Minister ein Bundesverdienstkreuz überreichte – in den ersten zwei, drei Jahrzehnten nach dem Krieg fand es meist seinen Niederschlag in Zeitungen und im Rundfunk. Ein Beispiel aus einer NDR-Nachrichtensendung vom 22. Oktober 1965:
    Zur Eröffnung der dritten Versammlung der
    Staatsoberhäupter und Regierungschefs der Or-
    ganisation für Afrikanische Einheit in Accra
    hat Bundespräsident Lübke heute seine besten
    Wünsche für einen erfolgreichen Verlauf der Kon-
    ferenz übermittelt.
Eine solche Protokollmeldung wäre heute undenkbar.

Wenn wir heute strengere Maßstäbe anlegen, spiegelt sich darin auch ein unbefangeneres Verhältnis zum Staat und seinen Repräsentanten wider.

Protokollgeschehen kann gelegentlich hohen Nachrichtenwert erhalten. Wenn das Auswärtige Amt bei Spannungen mit einem anderen Land dessen Botschafter »einbestellt«, macht dies das Ausmaß der Krise sichtbar. Und wenn die deutschstämmige Königin Silvia und ihr Mann Carl der XVI. Gustav von Schweden durch die deutschen Lande reisen, darf der Nachrichtenredakteur auch einmal zum Hofberichterstatter werden.

Bunt ja, aber nicht grell!

Manchmal reichen zwei Sätze aus, um einer Sendung Farbe zu verleihen:

    In San Francisco ist eine Gitarre des verstor-
    benen Rock'n-Roll-Sängers Elvis Presley ver-
    steigert worden. Nach Angaben des Auktionators
    bezahlte ein Elvis-Fan für das Musikinstrument
    22.000 Dollar.

Sicherlich keine wichtige Nachricht, aber man kann wohl annehmen, daß mancher Hörer bei dieser Meldung noch einmal aufgehorcht hat. Vielleicht ist sie ihm sogar länger im Gedächtnis geblieben als die übrigen Themen der Sendung, die von der Bosnien-Luftbrücke bis zum Berlin-Umzug der Bundesregierung reichten.

Gerade weil es in den Nachrichten überwiegend ernst zugeht, sind bunte Farbtupfer wie die Elvis-Gitarre zur gelegentlichen Auflockerung durchaus willkommen. Dabei darf es freilich nicht zu grell werden. Der Hörer betrachtet die Nachrichten eindeutig als Informationssendungen, er sucht dort in erster Linie etwas anderes als Unterhaltung.

Es gibt auch Grenzen, die wir nicht überschreiten dürfen, zum Beispiel die des guten Geschmacks. Als der bekannte amerikanische Kinderpsychologe Bruno Bettelheim im März 1990 Selbstmord beging, war es sicher die richtige Entscheidung eines Nachrichtenredakteurs, darüber eine Meldung zu bringen. Kritisiert wurde er trotzdem, weil in der Meldung auch stand, *wie*

Bettelheim sich umgebracht hatte. Indem er sich eine Plastiktüte über den Kopf zog. Dieses Detail sei überflüssig gewesen, meinten Kollegen. Genau hier verlaufe die Grenze, die ein Nachrichtenredakteur beachten müsse.

Dutzende von Zeitschriften leben davon, über die privaten Sorgen und Affären prominenter Zeitgenossen zu berichten. Dieses Gebiet, wo die Befriedigung von Voyeurismus und Sensationsgier im Vordergrund steht, ist kein Betätigungsfeld für Nachrichtenjournalisten.
Es kann freilich passieren, daß ein Thema aus dem Regenbogenbereich plötzlich zur Top-Story avanciert. So ist sicherlich kaum eine Nachrichtenredaktion auf die saftigen Enthüllungen über die Eheprobleme des britischen Thronfolgerpaars eingegangen; als Premierminister Major aber am 9. Dezember 1992 die Trennung von Prinz Charles und Prinzessin Diana bekanntgab, war das nicht nur eine Nachricht, für manche Sender war es der Aufmacher.

Themenvielfalt

Abwechslung tut der Nachrichtensendung gut. Zuviel Stoff von der gleichen Sorte ist langweilig, außerdem sollen unterschiedliche Hörergruppen angesprochen werden, auch wechselnde Minderheiten. Das Richtige ist also die bunte Mischung: ein bißchen Innenpolitik, ein bißchen Ausland, ein bißchen Wirtschaft, ein bißchen Regionales. Wer sich für den neuesten Vorschlag zur Wohnungsbauförderung interessiert, hört nicht unbedingt auch beim Konflikt um Nagorny Karabach genau zu.
Die Nachrichtensendung ist mit einem Warenkorb vergleichbar, aus dem jeder das Passende herausnehmen kann.

Inhaltlich verwandte Meldungen in einer einzigen Sendung zu massieren, wäre daher ganz und gar falsch. Die neuesten Pläne zur Reform der KFZ-Steuer, die Einweihung eines Autobahnteilstücks und die jüngste Zulassungsstatistik aus Flensburg sollten besser auf verschiedene Sendungen verteilt werden. Der Grundsatz der Themenvielfalt legt dies nahe. Themenvielfalt darf natürlich nicht das einzige Kriterium sein.

Übergeordnet bleibt die Frage nach dem Neuigkeitswert. Wenn gleichzeitig aus Bosnien, Moldawien und Nagorny Karabach schwere Kämpfe gemeldet werden, kann man nicht einfach einen dieser Kriegsschauplätze weglassen, nur weil schon zuviel vom Krieg die Rede war. Und für den Schluß der Sendung sollte man nicht krampfhaft nach einem Schmankerl suchen und blind nach einer x-beliebigen Banalität greifen, nur um die Sendung mit einem vermeintlichen Human-Interest-Thema abzurunden.

Die Wirkung bedenken

Der Nachrichtenredakteur soll möglichst objektiv berichten, was geschehen ist. Erst in zweiter Linie kann er über die Wirkung seiner Meldungen auf die Hörer nachdenken. Vorrang hat der Informationsauftrag. Für die Konsequenzen, die von irgendwelchen Zuhörern irgendwo gezogen werden, kann niemand den Redakteur regreßpflichtig machen. Trotzdem können dem Redakteur in manchen Fällen Zweifel kommen:
- Eine Meldung über Fortschritte bei der Suche nach einem wirksamen Anti-AIDS-Medikament kann Hoffnungen wecken, die sich später als verfrüht erweisen.
- Eine Meldung über eine Schlägerei zwischen Türken und Kurden kann Vorurteile gegenüber Ausländern verfestigen.
- Eine Meldung über das Ansteigen des Heizölpreises kann zu Angstkäufen und zu einer weiteren Verteuerung führen.
- Eine Meldung über Gewalttätigkeiten bei einer Demonstration kann den Zulauf von Randalierern noch verstärken.
- Eine Meldung über eine geringfügige Störung in einem Atomkraftwerk kann die Angst vor den Risiken der Kernenergie grundlos steigern.
- Eine Meldung über die Zunahme von Erkrankungen durch salmonellenverseuchte Eier kann den Eierabsatz beeinträchtigen und den Betreibern von Hühnerhöfen erheblich schaden.
- Eine Meldung, daß Kanarienvögel und Wellensittiche bei Menschen Lungenkrebs verursachen können, wird viele Vogelliebhaber vielleicht unnötig in Zweifel stürzen.
- Eine Meldung über Klebstoffschnüffler in England kann auch hierzulande einige junge Leute veranlassen, diese Art von Rauschmittel auszuprobieren.

- Eine Meldung über eine umstrittene Reality-Show im Fernsehen (`Heute abend: SAT 1 zeigt Selbstmord`) wird viele Leute erst darauf bringen, diese Sendung anzuschauen.

Negative Schlußfolgerungen sind nie auszuschließen. Trotzdem darf der Nachrichtenredakteur natürlich nicht pauschal auf derartige Meldungen verzichten. Er muß sich nur über die Reichweite seiner Arbeit im Klaren sein. Das heißt: In allen diesen Fällen ist zu prüfen, ob der Neuigkeitswert der Meldung und das damit verbundene Informationsbedürfnis der Öffentlichkeit größer sind als der Schaden, den man eventuell damit anrichtet.

Selbst eine sogenannte »Nachrichtensperre« kann in Ausnahmesituationen gerechtfertigt sein. Etwa wenn die Polizei darum bittet, Informationen über Kriminelle zurückzuhalten, damit die Fahndung oder beispielsweise das Leben eines Entführten nicht gefährdet wird. Auch hier muß der Redakteur entscheiden, was wichtiger ist: das öffentliche Interesse an neuen Informationen oder das öffentliche Interesse an ungestörter Strafverfolgung.

Wenn sich bestimmte Themen häufen, sind falsche Schlußfolgerungen des Publikums am ehesten zu erwarten: Zu viele Meldungen über Verbrechen können Ängste auslösen, die in Wirklichkeit unangemessen sind, und gehäufte Nachrichten über Gesundheitsgefahren, Umweltschäden und die Risiken des technisch-wissenschaftlichen Fortschritts führen eher zu einer gewissen Abstumpfung. Hier kommt es also darauf an, begründetes Risikobewußtsein nicht durch ein Übermaß zu gefährden.

Multiplikationseffekt. Die Verantwortung des Nachrichtenredakteurs ist ja gerade deshalb so groß, weil er ein wichtiger Multiplikator ist. Über den Rundfunk bekommen viele Meldungen eine Breitenwirkung, die sie nicht hätten, wenn sie nur in einer einzelnen Zeitung oder Zeitschrift veröffentlicht würden.

Nur Negatives?

Ein Vorwurf an die Nachrichtenredakteure lautet, sie würden immer nur über die unerfreulichen Seiten des Lebens berichten: Kriege, Katastrophen, Pannen etc. Hans Mathias Kepplinger und Helga Weissbecker sprechen sogar von der »Negativität als Nachrichtenideologie«.[1]
Wie sieht nun die (Nachrichten-)Wirklichkeit aus? Eine Analyse der Nachrichten des Mitteldeutschen Rundfunk vom 1. bis 14. März 1993 ergab: Das Radio hat zwar mehr »negative« (32%) als »positive« (28%) Nachrichten gesendet. Die meisten Nachrichten aber waren »neutral« (40%).Hier einige Beispiele:

»Positive« Nachrichten: Milliardenverträge für ostdeutsche Braunkohleindustrie – Zusätzliche ABM-Stellen für Ostdeutschland – Moslems unterschreiben Friedensvertrag für Bosnien.

»Negative« Nachrichten: Schiebereien bei der Treuhand – Zahl der Arbeitslosen gestiegen – Obdachloser erfroren – Chemieunfall bei Hoechst – Tote bei Kämpfen in Bosnien – Erdbeben in Indonesien.

»Neutrale« Nachrichten: Gespräche über Solidarpakt – Leipziger Messe eröffnet – Ergebnisse der Hessenwahl – Festkonzert zum Gewandhausjubiläum – Russischer Parlamentschef fordert Neuwahlen – Ergebnisse der Fußballbundesliga.

[1] Hans Mathias Kepplinger, Helga Weissbecker, Negativität als Nachrichtenideologie. In: Publizistik, 3/1991, S. 330-342

Immer etwas Neues?

Stündlich Nachrichten – das klingt einfacher, als es in Wirklichkeit ist. Sind es die Nachrichten, die gerade in der letzten Stunde bei uns eingetroffen sind? Oder sind es zu jeder Stunde die wichtigsten Nachrichten des ganzen Tages, also zumindest teilweise auch solche Meldungen, die schon in vorangegangenen Sendungen zu hören waren?
Der Dauerhörer soll nicht durch ständige Wiederholungen ge-

langweilt werden. Andererseits soll der Hörer, der sich irgendwann zum ersten Mal ins Programm einschaltet, die Garantie haben, das Wichtigste zu erfahren, auch wenn es den Dauerhörern und uns, den Redakteuren, schon seit Stunden bekannt ist. Das klingt nach der Quadratur des Kreises. Jede Redaktion muß dafür ihr eigenes Konzept entwickeln.

Eine gewisse Abwechslung bringt vielfach schon die Programmstruktur mit sich, nämlich dann, wenn klassische Nachrichten, Nachrichten mit O-Ton, Kurznachrichten oder Schlagzeilen in festem Rhythmus wechseln. Unterschiedliche Lösungen ergeben sich auch aus den unterschiedlichen Hörgewohnheiten in den verschiedenen Tageszeiten.

In den Morgenstunden werden alle wichtigen Meldungen stündlich bzw. halbstündlich wiederholt. Variationsmöglichkeiten gibt es nur in der Formulierung. Eine Meldung muß ja nicht immer mit demselben Leadsatz beginnen. Die Wiederholung der wichtigen Themen am Morgen ist wohlbegründet: Ständig schalten neue Hörer das Radio ein, um sich über das zu informieren, was in der Nacht geschehen ist oder am Tage ansteht. Bei der Themenauswahl sollte der Redakteur eine Art »rückwärtige deadline« beachten: Themen, die am Vorabend schon in der 20.00-Uhr-Tagesschau gelaufen sind, brauchen am Morgen nicht mehr aufzutauchen, wenn sie sich nicht weiterentwickelt haben.

Auch in der übrigen Prime time – also zur Hauptsendezeit am Mittag und am Spätnachmittag – kann der Hörer erwarten, daß die Nachrichten alle wichtigen Meldungen enthalten, die bis zu diesem Zeitpunkt vorliegen. Die Nachrichten um 12 und 13 sowie um 16, 17 und 18 Uhr sollten also als Überblicksendungen konzipiert sein – mit einem hohen Anteil an Wiederholungen. Ob auch die 22- bis 24-Uhr-Nachrichten noch diesen Charakter haben sollen, hängt von der Entscheidung der Redaktion ab.

In den anderen Sendungen besteht eher die Möglichkeit zur Abwechslung. Um 10 Uhr morgens oder um 15 Uhr am Nachmittag finden auch Meldungen ihren Platz, die vielleicht nicht ganz so wichtig, aber immer noch interessant genug sind. Trotzdem gilt auch hier das Prinzip der *Kontinuität:* Die allerwichtigsten Ereignisse sollten immer dabei sein – sei es, daß sie sich inhaltlich weiterentwickeln (Beispiel: eine internationale Konfliktsituation mit dramatischem Ablauf), sei es, daß es gilt, immer neue Reaktionen aufzuarbeiten (Beispiel: ein Sparbeschluß der Regierung – mit einem Rattenschwanz von Stellungnahmen: Opposition, Gewerkschaften, Wirtschaft, Banken …).

Wenn die Themenauswahl ständig wechselt, wird der Hörer von der Nachrichtenredaktion in gewisser Weise allein gelassen, denn er muß selbst entscheiden, was wichtig ist. Wiederholungen können deshalb als Orientierungshilfen dienen. Eine zu große Themenvielfalt verwirrt eher. Der Aufmacher einer Sendung sollte zumindest in der nächsten noch einmal auftauchen. Das ist eine Faustregel.

Wie ein Thema durch den Tag wandern kann, zeigt folgendes Beispiel:
11 Uhr: **Die neuen Arbeitsmarktzahlen aus Nürnberg. Leadsatz:** `Die Arbeitslosigkeit in Deutschland hat leicht zugenommen` **…**
12 Uhr: **Dasselbe Thema, leicht variiert:** `Die Zahl der Arbeitslosen … ist um 40.000 gestiegen` **… Erste Reaktionen am Ende der Meldung.**
13 Uhr: Einstieg wie 12 Uhr: möglich auch: Einstieg wie 11 Uhr mit Stellungnahmen, weil 13 Uhr eine Prime time ist.
14 Uhr: Reaktionen rücken in den Vordergrund, die neuen Zahlen werden erst am Ende der Meldung erwähnt.
15 Uhr: Wenn sich jetzt andere, wichtigere Themen aufdrängen, kann die Arbeitsmarktstatistik ganz entfallen.
16 bis 18 Uhr: Prime-time-Sendung: Eine Kurzfassung des Themas Nürnberg sollte nicht fehlen.

Irgendwann ist die Karriere eines Themas zu Ende. Wenn es hierzu nichts Neues mehr gibt, schieben sich andere Ereignisse nach vorn. Auch die Hörer wissen das. Am späten Abend wird wahrscheinlich niemand mehr den Arbeitsmarktbericht in den Radionachrichten vermissen.

Dramaturgie einer Nachrichtensendung

»Womit machen wir auf?« Die Kollegen von der Zeitung müssen diese Frage nur einmal am Tag beantworten, beim Rundfunk stellt sie sich jede Stunde neu. Von der ersten Meldung einer Sendung hängt ab, ob wir das Interesse des Hörers wecken. Daraus ergibt sich fast von selbst, daß die wichtigste Meldung an den Anfang einer Sendung gehört.

Aber was ist die wichtigste Meldung? Manchmal ist diese Frage eindeutig zu beantworten. Oft jedoch ist die Nachrichtenlage diffus, bieten sich drei, vier oder mehr Themen als Aufmacher (Neudeutsch »opener«) an. Jetzt spielen Erfahrung und Gespür des Redakteurs eine besondere Rolle. Auch hier hilft der Grundsatz: »Fakten vor Meinungen«! Wer eine blasse Äußerung, ein schwaches Interview an den Anfang stellt, hat die Hörer schon halb verloren!

Auch die weitere Rangfolge der Meldungen wird von ihrem Gewicht bestimmt. Damit wandern Nachrichten aus der Kategorie »Vermischtes« in der Regel an den Schluß einer Sendung – sie sind interessant, aber meist weniger wichtig als die Informationen aus Politik, Wirtschaft und anderen Gebieten.

Als Beispiel für die Dramaturgie einer Sendung hier Themen und Reihenfolge einer NDR-Nachrichten-Sendung vom 13. Mai 1993:
Frankfurt – IG-Metall entscheidet über Streikausweitung
München – CSU-Landtagsfraktion stützt Stoiber
Stuttgart – Rommel für Pflegeversicherung
Mostar – Moslems und Kroaten vereinbaren Waffenruhe
Nizza – Weiterer Schlag gegen das organisierte Verbrechen
London – Buckingham Palast: Charles und Di nicht abgehört

Hier standen drei gleichwertige Aufmacher zur Wahl: die bevorstehende Entscheidung über Metallerstreiks in Ostdeutschland, das Votum der CSU-Fraktion für Stoiber als Nachfolger des bayrischen Ministerpräsidenten Max Streibl und die vereinbarte Waffenruhe für Mostar. In den vorangegangenen Sendungen hatten sich diese Themen auch als Einstieg abgelöst. Die Stellungnahme des Städtetagspräsidenten Rommel war in der laufenden Diskussion um die Pflegeversicherung von Interesse, für einen Aufmacher hatte sie nicht genug Gewicht. Auch wäre es sicherlich nicht gerechtfertigt gewesen, mit einer der beiden vermischten Meldungen aus dem Ausland aufzumachen – sie hatten am Ende der Sendung den richtigen Platz.

Die Aufmerksamkeit des Hörers läßt im Verlauf einer Nachrichtensendung nach; das können der beste Aufmacher und die schönste Reihenfolge nicht verhindern. Trotzdem kann man versuchen, durch geschicktes Plazieren geeigneter Meldungen zur »Halbzeit« einer Sendung noch einmal Spannung zu erzeugen.

Rücksicht aufs Programmumfeld?

Nachrichten sind das Gerüst oder das Fachwerk der modernen Radioprogramme. Sie dürfen daher in diesen Programmen keine Fremdkörper sein. Es gibt eine ganze Reihe von Möglichkeiten, Nachrichten mit dem Programmumfeld zu verknüpfen. `Wie Sie vor einer Viertelstunde in den Nachrichten gehört haben ...`, sagt der Moderator und leitet damit den nächsten Magazinbeitrag ein. `In wenigen Minuten das Neueste aus aller Welt ...` – so beendet ein anderer seine Sendung. Radioprogramm aus einem Guß!
Sollten die Nachrichtenredaktionen deshalb Rücksicht nehmen auf das, was drumherum im Programm geschieht? In der Regel lautet die Antwort: Nein.

Oft werden die Nachrichten gezielt eingeschaltet, weil der Hörer weiß: Zur vollen Stunde erfährt er die wichtigsten Neuigkeiten. Und der »Dauerhörer« erwartet von den Nachrichten den Versuch, die bis dato vorliegenden Informationen zusammenzufassen und zu komprimieren. Es ist daher Unsinn, wenn Nachrichtenredakteure sich scheuen, Meldungen aus vorangegangenen Magazinsendungen noch einmal aufzugreifen, oder wenn Magazinmacher mit dem Ansinnen kommen, einzelne Themen sollten ihren Sendungen vorbehalten bleiben und nicht in die Nachrichten aufgenommen werden.

Auch die thematische Gewichtung der Nachrichten nach dem Programmumfeld oder nach der mutmaßlichen Sozialstruktur der Hörerschaft hat sich als unzweckmäßiges Auswahlkriterium erwiesen. Hausfrauenmeldungen am Vormittag, Schülernachrichten am Nachmittag? Lieber nicht!
Erstens gibt es zu allen Sendezeiten, zu denen eine Hörergruppe mutmaßlich überrepräsentiert ist, auch große Minderheiten: zur Hausfrauenzeit beispielsweise Rentner, Schichtarbeiter und Arbeitslose. Zweitens sind die thematischen Spezialinteressen von Hörergruppen noch schwerer zu bestimmen als die mutmaßlichen Interessen der Allgemeinheit. Vielleicht will die Hausfrau über ihren Arbeitsbereich gar nichts hören, sondern viel lieber etwas, was ihre Phantasie anregt oder worüber sie später mit ihrem Ehemann reden kann. Die Auswahl der richtigen Nachrichten ist schwer genug, man sollte sie nicht unnötig komplizieren.

... und nun zum Wetter (und anderem Service)

Es gibt Nachrichtenredaktionen, die sind um einen attraktiven Aufmacher nie verlegen – sie stellen den Wetterbericht an den Anfang ihrer Sendung. Man mag darüber streiten, ob er tatsächlich dort hingehört, unbestritten ist, daß das Wetter für viele Hörer das Wichtigste an einer Nachrichtensendung ist. Es ist oft die einzige Meldung der Sendung, die uns direkt betrifft, und die Prognose »Regen« oder »Sonnenschein« hat viel Einfluß darauf, in welcher Stimmung wir in und durch den Tag gehen.

Oft entscheidet der Wetterbericht über mehr als gute oder schlechte Laune. Ein Landwirt macht von der Wettervorhersage abhängig, ob er mit dem Getreideschnitt beginnt, an der Küste weiß der Fischer bei Sturmwarnung, daß er heute nicht auslaufen kann, und für den Bauarbeiter bedeutet die Prognose »Dauerfrost«, daß er sich auf Schlechtwettergeld und damit Lohneinbußen einstellen muß.

Es gibt eine ganze Reihe spezieller Prognosen: Reisewetterberichte, Seewetterberichte und Windvorhersagen für Nord- und Ostsee, Wetterberichte für Segler, für Bergwanderer und für Segelflieger, Wintersportwetterbericht, Wettervorhersagen für die Landwirtschaft und schließlich »Biowetter« und Pollenflugvorhersagen für Allergiker. Kombiniert mit dem Wetterbericht verbreiten einzelne Sender Wasserstandsvorhersagen für die Nordseeküste oder Pegelstände der Flüsse.

Gleich nach Nachrichten und Wetter kommt der Verkehrsfunk – was dem Hörerinteresse an diesem Service durchaus entspricht. Das Servicepaket umfaßt ferner Hinweise auf die Entwicklung an den Aktien- und Devisenmärkten sowie die Lotto- und Totozahlen. Von großem Wert sind nach Darstellung der Polizei die im Radio verbreiteten Suchmeldungen. In hunderten von Fällen konnten damit vermißte Kinder oder umherirrende hilflose Menschen wiedergefunden werden. Auch bei der Fahndung nach Kriminellen leistet der Rundfunk gelegentlich Hilfestellung.

Alarmzentrale Nachrichtenredaktion

»Luftlagemeldungen« aus dem Radio und der dazugehörige Fliegeralarm sind den Deutschen seit dem Ende des Zweiten Weltkrieges erspart geblieben. Als ziviler Alarmgeber hat der Rundfunk in den vergangenen Jahren jedoch häufig eine wichtige Rolle gespielt. So lösten die Behörden im Ruhrgebiet über das Radio mehrfach Smogalarm aus und gaben Fahrverbote bekannt, am Rhein wurden die Menschen vor explosionsgefährdeten Tankern und giftigen Chemikalien gewarnt, und an der Küste gibt es im Herbst und Winter fast regelmäßig Warnmeldungen wie diese: `In Hamburg ist gegen 10.30 Uhr mit einer schweren Sturmflut zu rechnen. ... Meiden Sie sturmflutgefährdete Gebiete. ... Hören Sie weiterhin Rundfunk und informieren Sie ihre Nachbarn.` Ähnliche Warnungen gibt es, wenn im Binnenland die Flußpegel die Hochwassermarke erreichen.

Auf die Verbreitung von Gefahrenmeldungen und anderen amtlichen Durchsagen hat der Staat ein verbrieftes Recht. Das *Verlautbarungsrecht* ist in den entsprechenden Gesetzen und Staatsverträgen über den Rundfunk verankert.
Wichtigster Verbindungsstrang sind meist die Standleitungen

(für Telefax, Telex und Telefon) zwischen den Lagezentren der Polizei und den Nachrichten-, Verkehrs- und Serviceredaktionen der Funkhäuser. Sie transportieren täglich die Verkehrshinweise und stehen im Katastrophenfall den Katastrophenschutzstäben für die Übermittlung von Durchsagen zur Verfügung.
Unverändert haben die meisten Nachrichtenredaktionen die Aufgabe, in einem Katastrophenfall den hausinternen Alarm auszulösen und die Programmverantwortlichen zu verständigen.

Umsichtige Planung und ausgefeilte Technik können nicht verhindern, daß es gelegentlich Pannen gibt. Auf den »Katastrophenmappen« in Redaktionen und Behörden setzt sich Staub ab, Alarmregelungen geraten in Vergessenheit. So warteten nach einem Erdbeben im Rheinland im April 1992 Zehntausende verängstigte Menschen vergeblich auf Hinweise im Radio: Die Behörden hielten beim schwersten Beben seit 250 Jahren Rundfunkdurchsagen nicht für erforderlich.

Dies ist eine Ausnahme, aber sie zeigt, daß sich Journalisten in Alarm- oder Katastrophenfällen nicht blind auf die Behörden und schematische Verfahren verlassen sollten. Eigeninitiative, Verantwortungsbewußtsein und Schnelligkeit sind in solchen Stunden in besonderer Weise gefordert. Menschen, die sich in gefährlichen und ungewissen Situationen befinden, haben ein Recht darauf, so schnell wie möglich alles über ihre Lage und mögliche Hilfsaktionen zu erfahren. Diese Angaben können oft nur über den Rundfunk zu ihnen gelangen.
Verläßliche Meldungen, ob von den Agenturen oder von einer amtlichen Stelle oder selbst recherchiert, gehören deshalb sofort auf den Sender. Die gezielte Unterrichtung der Menschen in einer Gefahrenlage hat selbstverständlich Vorrang vor der Information der übrigen Hörer.

Weitere Tips

Bei Dienstbeginn: Einlesen. Wer das jeweils Neue einer Geschichte richtig erkennen und das Wesentliche vom Unwesentlichen trennen will, muß viel mehr von einem Vorgang wissen, als zum Schluß in einer Meldung übrigbleibt. Für die Praxis heißt das: Lesen, Lesen, Lesen. Für den Nachrichtenredakteur beginnt daher der Dienst nicht damit, daß er die erste Meldung schreibt, sondern damit, daß er sich über die Nachrichtenlage einen umfassenden Überblick verschafft.

Das heißt: Er muß sich darüber informieren, was in den vergangenen Nachrichtensendungen enthalten war, was dazu an Agenturmaterial vorlag, was an nichtgesendetem Nachrichtenstoff übriggeblieben ist, und welche Termine in der Themenvorschau der Agenturen genannt werden. Außerdem muß der Redakteur lesen, was schon in der Zeitung steht. Nur so kann er unaktuelle Meldungen und Doubletten vermeiden.

Quellen richtig ausschöpfen. In der Nacht und am frühen Vormittag ist der Nachrichtenstrom oft nur ein Rinnsal. Die Agenturabhängigkeit wird besonders deutlich. Völlig legitim ist es dann, den Nachrichtenblock etwas kürzer ausfallen zu lassen, wenn die Programmstruktur das zuläßt. Ein weiterer Ausweg besteht darin, die vorhandenen Meldungen anzureichern und interessanter zu machen. Beispiel: Ein schwerer Zwischenfall in Sri Lanka – warum nicht die Gelegenheit wahrnehmen und den Konflikt zwischen Tamilen und Singhalesen näher erläutern?

Übersicht behalten. Am Nachmittag wird der Nachrichtenfluß oft zum reißenden Strom. Das Wichtigste ist, daß der Nachrichtenredakteur nicht darin ertrinkt. Gerade Anfänger sind in Gefahr, den Überblick zu verlieren und einen Teil der Meldungen überhaupt nicht mehr anzuschauen. Also: ruhig Blut! Keine Meldung unbesehen zur Seite legen. Wenigstens Schlagzeile und Leadsatz lesen. Es mag paradox klingen: Gerade in Zeiten der Nachrichtenflut kann es erforderlich sein, in der Grauzone des weniger Wichtigen eine oder zwei Meldungen aus vorangegangenen Sendungen zu wiederholen. So gewinnt man Zeit, behält die Übersicht und trifft bei der Auswahl und Bearbeitung der wesentlichen Themen die richtige Entscheidung. (siehe Beitrag »Zuverlässigkeit geht vor Schnelligkeit«)

Schnell reagieren. Manchmal werden die Ereignisse just zu dem Zeitpunkt überholt, zu dem die Nachrichtensendung fertig ge-

schrieben ist und nur noch darauf wartet, verlesen zu werden. Beispiel: die Präsidentenwahl in der Tschechoslowakei am 3. Juli 1992. Seit 15.30 Uhr läuft in Prag der zweite Wahlgang. Im ersten ist Vaclav Havel gescheitert. Jetzt erscheint wieder alles als offen – entsprechend lautet die 16 Uhr-Meldung. Da passiert es: Um 15.59 Uhr melden dpa und AFP per Eil. Eil: Havel auch im zweiten Durchgang gescheitert. Eigentlich müßte jetzt die Meldung umgeschrieben werden. Dafür fehlt aber die Zeit. Was tun?
Erste Möglichkeit ein *Anhängsel:* Soeben wird noch gemeldet ... Zweite Möglichkeit: Verlesen des ungeglätteten *Agenturtextes.* Beide Lösungen sind nicht ganz befriedigend; sie sind aber besser als eine Meldung zu verbreiten, die zum Zeitpunkt der Sendung nicht mehr dem Wissensstand der Redaktion entspricht.

Nicht zu viele Vorausmeldungen. In die Nachrichtensendungen am Morgen gehört selbstverständlich auch die Vorschau auf wichtige und interessante Ereignisse, die im Laufe des Tages anstehen:
– Das Bundesverfassungsgericht entscheidet über die Neuregelung des Abtreibungsparagraphen 218.
– Um 11 Uhr gibt das Nobelkomitee bekannt, wer in diesem Jahr den Friedensnobelpreis erhält. Viele Hörer werden um 11 oder 12 Uhr das Radio wieder einschalten.
– In einer Landeshauptstadt findet die zentrale Feier zum Tag der deutschen Einheit statt. Das Stadtzentrum ist für den Verkehr gesperrt. Viele Hörer werden mitfeiern, andere werden die Stadt meiden.
Also: hochkarätige Vorausmeldungen – keine Frage! Sie dürfen nur nicht überhandnehmen. Hauptinhalt der Frühnachrichten ist das, was in der Nacht und am Abend tatsächlich geschehen ist, und nicht das, was am neuen Tag erwartet wird.

Das heißeste Thema zuletzt schreiben. In der Stunde vor der Sendung ist vieles noch im Fluß, gerade bei den wichtigsten und spannendsten Themen. Neue Einzelheiten werden bekannt, erste Stellungnahmen treffen ein. Arbeitsökonomisch ist es daher sinnvoll, die weniger brisanten Meldungen zuerst zu schreiben und sich das turbulenteste Ereignis bis zuletzt aufzuheben. Vielfach wird das sogar der Aufmacher sein.

Nicht jede Eilmeldung als Knüller betrachten. Nicht jede Vorrangmeldung ist so heiß, daß man sofort ans Mikrofon stürzen muß. `Glos neuer CSU-Landesgruppenchef` und `Walter Kolbenhoff gestorben` waren wohl Meldungen, die nicht unbedingt die zweithöchste Prioritätsstufe verdienten. Auch hier gilt der Grundsatz: Zuerst genau hinschauen.

»Alte« Themen nicht vergessen. Oft werden die Nachrichtensendungen tagelang von einem Thema beherrscht. Irgendwann ist dann aber ein gewisser Sättigungsgrad erreicht, und etwas anderes schiebt sich in den Vordergrund. Der Redakteur sollte ab und zu die Gelegenheit wahrnehmen, den Hörern die Themen von gestern in Erinnerung zu rufen und in ihrer Weiterentwicklung vorzuführen.

Auch Zeitungsmeldungen können noch aktuell sein. Keineswegs ist für Radionachrichten alles tabu, was schon gedruckt ist. Eine Exklusivmeldung, die der aufmerksame Redakteur in der Zeitung entdeckt, gehört selbstverständlich noch in die Nachrichten – mit Quellenangabe. Auch Agenturmeldungen vom späten Abend, die gerade noch ins Blatt gekommen sind, dürfen in den Frühnachrichten nicht fehlen. Allerdings gibt es dann zeitliche Grenzen: um 9 oder 10 Uhr laufen sie zum letzten Mal.

Die eigenen Nachrichten abhören! Wenn die Nachrichten von einem Sprecher gesprochen werden, sollte der verantwortliche Redakteur während der Sendung das Radio einschalten. Nur so kann er kontrollieren, ob alles stimmt. Er kann eventuelle Fehler korrigieren, falls eine Meldung wiederholt werden soll, und er kann prüfen, ob der Sprecher alles richtig ausspricht und betont.

Präsentation der Nachrichten

Der Anfang der Nachrichtensendung

Unmittelbar vor der Sendung steht in der Regel die *Zeitansage*. Sie sollte schon deshalb nicht fehlen, weil die Uhrzeit natürlich auch eine für den Hörer wichtige Mitteilung ist. Morgens ist es zusätzlich möglich, den *Wochentag* und das *Datum* zu nennen.

Klassischer Beginn: *Zeitzeichen* vor der vollen Stunde mit *Zeitansage* und anschließender *Senderkennung* (Station – ID). Im Regelfall wird dieser Anfang vom Sprecher präsentiert, nach dem Muster: `13 Uhr - Deutschlandfunk Nachrichten`. Diese Art des Anfangs klingt sicherlich seriöser als alle anderen, hat aber den Nachteil, daß sie nicht unverwechselbar ist.

Beginn mit Sounder, also mit akustischen Wiedererkennungselementen: Der Nachrichtensprecher spricht nur die Zeitansage live, während die Senderkennung vom Band kommt. Die meisten Sender koppeln die Kennung zusätzlich mit einem musikalischen Element, das Ganze wird dann »Sounder« oder »Indikativ« genannt. Dabei wird meist eine Melodie benutzt, die in verschiedenen Varianten auch in anderen Programmelementen auftaucht.

Danach kann eine Themenübersicht folgen. Auf diese Weise wird der Hörer schnell orientiert. Im günstigsten Fall lockt ihn die Übersicht, im ungünstigsten wird er nach der Übersicht meinen, schon genug zu wissen. Beispiel:
```
Die Übersicht:
- Engholm zurückgetreten
- Erste Streiks in ostdeutscher Metallindustrie
- Schweinepest in Mecklenburg-Vorpommern
```

Beginn mit Servicemeldungen: Vor dem Einstieg in die eigentlichen Meldungen können auch Verkehrs- und/oder Wetterinformationen präsentiert werden. Verkehrsservice und Wetter können auch über einem *Musikbett* gelesen werden. Das Wetter läßt sich als *Schlagzeile* oder in Form von *Wetterdaten* präsentieren.

Beispiel 1: Die Übersicht:
- Volkskongreß lehnt Referendum über russische Verfassung ab
- Neue Runde der Solidarpakt-Verhandlungen
- 200 Tote bei Bombenserie in Bombay

Das Wetter:
Meist bewölkt, aber trocken bei Temperaturen um 15 Grad.
Verkehrsservice.
A 2, Berlin – Hannover, 3 Kilometer Stau zwischen Eilsleben und Ostingersleben
Die Meldungen:

Beispiel 2 (nach Sounder und Zeitansage):
Das Wetter:
Berlin wolkig 13 Grad
Neuruppin leicht bewölkt 17 Grad
Görlitz wolkig 14 Grad
Die Meldungen: ...

Nennung des Redakteurs: Die Sendung kann nach Sounder und Zeitansage auch damit beginnen, daß der verantwortliche Redakteur genannt wird. Diese Form klingt allerdings nur überzeugend, wenn der Nachrichtenredakteur auch selbst spricht. Mit der Namensnennung vor der Sendung ist die Überlegung verbunden, daß auch Nachrichten von einer Persönlichkeit geprägt sein dürfen oder sogar geprägt sein sollen.
Zu dieser Strategie gehört auch die Variante mit der *Begrüßung:*
Acht Uhr – Guten Morgen – Nachrichten mit Cornelia Müller **oder auch** Ich bin Cornelia Müller. Guten Tag.

Das Ende der Nachrichtensendung

Wenn der Redakteur nicht schon zu Beginn genannt wurde, ist die Nennung am Schluß ein idealer Ausklang der Nachrichtensendung. Meist wird sie mit einer Senderkennung verbunden:
Vom Mitteldeutschen Rundfunk hörten Sie Nachrichten, Redaktion Frank Biehl.

Dadurch hat der Schluß eine doppelte Servicefunktion: Der Hörer erfährt, welchen Sender er eingestellt hat. Und: Falls er sich über den Inhalt der Sendung geärgert haben sollte, erfährt er gleich den Namen des Zuständigen – hat er den Namen schon vor der Sendung gehört, hat er ihn bis zum Ende wahrscheinlich schon wieder vergessen. Die Nennung am Schluß macht zudem deutlich, daß nun Verantwortlichkeiten und auch Programminhalte wechseln. Möglich ist auch eine Senderkennung ohne Namensnennung – diese Form signalisiert, daß der Name des Programms für gleichbleibende Nachrichtenqualität steht.

Mit Zeitansage: So wie der Anfang kann auch der Schluß mit einer Zeitansage gekennzeichnet werden, ob nun mit Redakteursnennung und/oder Senderkennung gekoppelt oder nicht. Dadurch bekommt die Sendung einen einheitlichen Rahmen.

Mit Zusammenfassung: Bei längeren Nachrichtensendungen kann eine Wiederholung der Schlagzeilen zum Schluß nützlich sein, bei einer Fünf-Minuten Sendung ist sie überflüssig.

Mit Servicemeldungen: Die Servicemeldungen können vom Nachrichtensprecher verlesen werden, nachdem er mit Redakteursnennung und/oder Zeitansage den Schlußpunkt für die Nachrichten gesetzt hat. Sie können aber auch selbst den Schlußpunkt darstellen. Wie am Anfang der Sendung können die Servicemeldungen über einem Musikbett gelesen werden.

Mit Programmhinweisen: Sender mit mehreren Programmen können die guten Einschaltquoten zu den Nachrichten für Programmhinweise nutzen. Bei Sendern mit nur einem Programm ist der Effekt besser, wenn der Moderator der anschließenden Sendung das übernimmt.

Ortsmarken

Vor die einzelne Meldung setzen viele Sender eine Ortsspitzmarke. Sie schlagen damit zwei Fliegen mit einer Klappe. Zum einen deuten sie dem Zuhörer an, in welche geographische oder auch inhaltliche Richtung er jetzt seine Aufmerksamkeit lenken muß; zum anderen sind die Ortsangaben zwischen den Meldungen eine willkommene Zäsur.

In den meisten Fällen ist die Angabe völlig problemlos. Genannt wird der Ort, an dem die Sache geschehen ist, über die wir berichten. In Bonn hat das Bundeskabinett eine Steuererhöhung beschlossen – also Spitzmarke `Bonn`. In München ist das Oktoberfest eröffnet worden – also `München`. Auch wenn die Ereignisse an zwei Orten stattfinden, wenn die britische Regierung Vorwürfe gegen die deutsche Bundesbank erhebt, die von der Bundesregierung zurückgewiesen werden, ist die Sache klar. Dann heißt es: `London und Bonn` oder `London/Bonn`.

Was aber tun, wenn gleichzeitig aus mehreren europäischen Metropolen Währungsturbulenzen gemeldet werden – aus London, Paris, Frankfurt und Rom? Dann muß man sich entscheiden, wo sich der wichtigste Vorgang abgespielt hat. Und wenn es sich bei dem Ort des Ereignisses um ein völlig unbekanntes Dorf handelt – z. B. Schulbusunglück in Surheim? In diesem Fall wird der Redakteur die nächstgrößere, einigermaßen bekannte Stadt nennen, hier also Freilassing. Im Ausland kann er sich einfach mit der Hauptstadt behelfen.

Auch bei Zusammenfassungen wird es knifflig, zum Beispiel wenn über den Winterschlußverkauf berichtet wird. Die Agenturen machen es sich in diesem Fall einfach, indem sie den eigenen Sitz als Ortsangabe wählen, also z. B. Frankfurt (AP), obwohl zum Thema WSV nur Kaufhaussprecher aus Berlin, Köln und Stuttgart zu Wort kommen. Hier sollte der Redakteur aufpassen und für den Winterschlußverkauf eher den Sitz des eigenen Senders nennen oder aber die Bundeshauptstadt (wenn es sich wirklich um eine bundesweite Bilanz handelt).

Nikosia oder Beirut? In Verlegenheit kommt man auch bei Meldungen, die ein Korrespondent geschrieben hat, der mehrere Länder gleichzeitig beobachtet, wenn z. B. das AP-Büro in Zypern über ein Attentat im Libanon berichtet. Den richtigen Hinweis für den Hörer gibt in diesem Fall nicht `Nikosia`, sondern `Beirut`.

Welche Ortsmarke für Interviews? In manchen Redaktionen wird heftig darüber diskutiert, wie mit Interviews umzugehen ist, die von anderen Medien gemacht wurden. Wie soll man sich z.B. verhalten, wenn die »Thüringer Allgemeine« (Sitz Erfurt) mit dem Vorsitzenden der SPD-Bundestagsfraktion gesprochen hat – und zwar ausschließlich über bundespolitische Themen? Durch die Spitzmarke `Erfurt` wird der Hörer in die falsche Richtung geleitet. Es läßt sich also durchaus vertreten, auch über diese Meldung das Stichwort `Bonn` zu setzen.

Andere Trennelemente

So wie die Ortsmarke dient auch die Themenmarke zwei Zielen: Sie soll die neue Meldung deutlich von der vorhergehenden absetzen und sie soll den Hörer zum Gegenstand der Meldung hinführen.

Für die Wahl des Stichwortes bieten sich zwei Möglichkeiten an: Der *Sachverhalt* selbst (`Hoechst-Störfall`, `Solidarpakt`, `Bundesliga`) oder eine leichte *Umschreibung* (`Bombenhagel` statt `Sarajevo`, `Frauen-Power` statt `Verfassungsreform`). Die zweite Möglichkeit führt leicht zu Kommentierung bzw. blasser Beliebigkeit:
`Einigung, Krise, Niederlage, Befürchtungen, Patentrezept.`
Wer sich für die nüchtern-sachliche erste Möglichkeit entscheidet, kann auch einmal zur Ortsmarke greifen, wenn z. B. Sarajevo oder Kurdistan der zentrale Begriff dieser Meldung ist; Gleiches gilt für Namen, die gerade im Mittelpunkt des Interesses stehen.
Es empfiehlt sich, zuerst die Meldung zu schreiben und dann daraus das Stichwort für die Themenmarke zu entnehmen bzw. herzuleiten. Solange das Stichwort für die späteren Meldungen zu diesem Sachverhalt kennzeichnend bleibt, sollte man es auch in den folgenden Sendungen beibehalten.

Die Schlagzeile nimmt in der Regel ein Verb und ein Subjekt bzw. Objekt hinzu:
`Gorbatschow wird Berliner Ehrenbürger.` Die Themen-

marke hieße in diesem Fall Gorbatschow oder Ehrenbürger.
Das Verb kann man auch (dann aber in der Sendung durchgehend) weglassen:
Wieder Angriff auf Asylbewerberheim.

Die Wiederholung im nachfolgenden Leadsatz ist bei der Themenmarke kein Problem: Selbst wenn der Leadsatz denselben Begriff enthält, dient das eher der Verständlichkeit, weil der Hörer durch die Themenmarke schon vorbereitet ist. Bei der Kurzschlagzeile hingegen kann die Wiederholung einen Leadsatz produzieren, der zwar das Verständnis fördert, aber langweilt.

Der Einsatz von Jingles zwischen allen Meldungen und in allen Sendungen ist problematisch. Sie können nicht nur ermüden, sondern im Einzelfall auch zu provozierenden Stößen führen: Meldungen über den Tod eines Menschen oder den Absturz eines Flugzeuges mit einem gleichmacherisch-fröhlichen Trenn-Jingle davor und dahinter.

Der Stinger (ein akustischer »Stich«, a. d. Engl.) trennt kürzere Meldungen, die auf einem Musikbett liegen. Er wird von einer zweiten Schallquelle (Cart, Festplatte) gefahren und ist selten länger als ein Pieps.

Michael H. Haas, Verpackungsmöglichkeiten. In: Haas/Frigge/Zimmer, Radio-Management. Ein Handbuch für Radio-Journalisten, München 1993
Walther von La Roche, Nachrichten-Präsentation. In: La Roche/Buchholz, Radio-Journalismus. Ein Handbuch für Ausbildung und Praxis, München 1988
Walther von La Roche, Jingle – die Grundlagen, und Michael H. Haas, Jingle – die Feinheiten, Beide in: Radio-Journalismus

Nachrichten in Schlagzeilen

Nachrichten in Schlagzeilen sollen in knapper Form über die wichtigsten Ereignisse informieren. Hintergrundinformationen können dabei aus Platzgründen meist nicht geliefert werden. Häufig werden Nachrichten in Schlagzeilen vor oder zwischen normalen, ausführlichen Nachrichtensendungen ausgestrahlt. Auch wenn diese Nachrichtenform zur Kürze zwingt: Die einzel-

nen Meldungen dürfen nicht so knapp sein, daß sie einen Sachverhalt falsch wiedergeben oder entscheidende Inhalte weglassen.
Der Entscheid zugunsten der Schlagzeilenform bringt den Zwang zu einer gewissen Einheitlichkeit in Form und Länge mit sich; und er zwingt zur knappen Formulierung, zur Konzentration aufs Wichtigste.

Die eigentliche Schlagzeilenform weicht erheblich von der Alltagssprache ab, ist in der Regel also ein künstliches Gebilde und manchmal auch ein kunstvolles. Die Schlagzeile ist keine typische Sprech- bzw. Hörform; sie ist dafür umso mehr ein Mittel, Aufmerksamkeit hervorzurufen. Die einzelnen Merkmale:
- grammatische Unvollständigkeit: Verben, Artikel können fehlen (Neue Demonstrationen in Leipzig)
- Zeitform: Tendenz zum Präsens (Französische Bauern protestieren gegen GATT-Beschlüsse)

Der nachfolgende Satz, der sich an die Schlagzeile anschließt, sollte nicht das Gleiche aussagen wie die Schlagzeile, sondern die Schlagzeile inhaltlich ergänzen. Beispiele:
Durchbruch in Genf: Die Konfliktparteien in Bosnien-Herzegowina einigen sich auf einen Waffenstillstand.
Homosexuelle demonstrieren für Gleichberechtigung: 300.000 Schwule und Lesben fordern in Washington Präsident Clinton auf, seine Wahlversprechen zu halten.
Wenig elegant sind dagegen:
Sieg für Steffi Graf in Wimbledon: Die Deutsche gewinnt in Wimbledon das Tennis-Endspiel.
Kampfmaßnahmen bei VW: Die Angestellten des VW-Konzerns haben sich am späten Abend für Kampfmaßnahmen ausgesprochen.

Wolf Schneider/Detlef Esslinger, Die Überschrift. Sachzwänge – Fallstricke – Versuchungen – Rezepte (List Journalistische Praxis), München 1993

Sonderfall: Nachrichtenmoderation

Klassische Nachrichten werden von einem Sprecher, von einer Sprecherin gelesen. Bei längeren Nachrichtensendungen sind zuweilen aber auch zwei Personen an der Präsentation beteiligt. Gerade die Einführung neuer formaler Elemente wie O-Töne, Schlagzeilen usw. kann eine Aufteilung der sprecherischen Aufgaben sinnvoll machen. Beispiel einer Rollenverteilung bei der Zweierpräsentation:

Der Moderator führt durch die Sendung:
- sagt die Zeit und die Station an
- nennt die redaktionell Verantwortlichen und die Sprechenden
- führt in die Schwerpunktthemen (O-Töne) ein
- sorgt für nötige Überleitungen
- spricht eine persönliche, weniger von den Normen der Nachrichten geprägte Sprache
- hat größere Freiheiten in Stil und Aufbau der Texte
- liest die eigenen Texte.

Der Sprecher liest die klassischen Nachrichtentexte, eventuell die Schlagzeilen
- spricht die streng normierte Nachrichtensprache
- liest fremde Texte.

Hier zwei Möglichkeiten, wie sich die Ansagen von Korrespondentenberichten stilistisch unterscheiden können:

»**Klassisch**«: Inhalt, Aufbau und sprachlicher Stil ähneln einer normalen Meldung. Diese Variante ist sinnvoll, wenn nur *ein* Sprecher die Sendung präsentiert. Ihm wird ein Wechsel zwischen verschiedenen Stilen erspart. Beispiel:

```
Irischen Frauen, die vergewaltigt worden sind,
soll es in Zukunft freigestellt sein, ob sie ab-
treiben oder nicht. Das Parlament hat einen ent-
sprechenden Gesetzesentwurf gutgeheißen. Anlaß
der Parlamentsdebatte war ein Vergewaltigungs-
fall, der kürzlich die Öffentlichkeit stark be-
wegt hatte. A. A. berichtet.
```

»Moderativ«: Inhalt, Aufbau und sprachlicher Stil der Ansage unterscheiden sich wahrnehmbar von einer normalen Meldung. Der Bezug zu den Zuhörenden wird stärker gesucht; die Sprache ist vom persönlichen Stil der moderierenden Person geprägt. Sprachlich bietet diese Form größere Freiheit als die klassische, ist aber häufig auch tückischer. Bei einer Zweierpräsentation kann sie dazu beitragen, den Unterschied zwischen Moderator und Sprecher wahrnehmbar zu machen. Beispiel:

```
Erinnern Sie sich noch an das irische 14-jährige
Mädchen, dem nach einer Vergewaltigung ge-
richtlich verboten worden war, abzutreiben?
Nun, der Wirbel, den der Fall damals erregte,
bleibt nicht ohne Folgen. Heute hat sich das
Parlament mit dem Fall befaßt und einen weg-
weisenden Entscheid gefällt. A. A. berichtet.
```

Nachrichten mit O-Tönen

Grundtypen

Neben den klassischen Nachrichten, in denen vorbereitete Manuskripte von einem Sprecher, einer Sprecherin gelesen werden, gibt es die Nachrichten mit O-Tönen. Es lassen sich dabei drei Grundtypen unterscheiden:
1. Die *angereicherten Sprechernachrichten*, die nur einen oder zwei O-Töne enthalten.
2. Die ›*reinen*‹ *O-Ton-Nachrichten*, die ausschließlich aus O-Tönen und jeweils einer kurzen Einleitung bestehen.
3. Die *Nachrichtenmagazine*, die die verschiedensten Programmelemente enthalten (Korrespondentenbericht, Statement, Interview, Textnachrichten, Schlagzeilen) und meist über die normale Fünf-Minuten-Länge hinausgehen.

Unter O-Ton wird praktisch alles verstanden, was nicht im Nachrichtentext steht, sondern in die Sendung eingespielt wird, also Korrespondentenberichte, Statements, Beiträge aus der eigenen Redakton. In der Regel stammen die O-Töne aus Zuspielungen, sie können aber auch live sein. Zeitfunkredaktionen gebrauchen das Wort meist etwas anders: Für sie ist nur O-Ton, was als fremdes Element in den Beitrag des Reporters eingebaut wird, und nicht der Reporterbericht selbst.

Der Korrespondentenbericht

Normalerweise entscheidet sich die Nachrichtenredaktion dann für einen Korrespondentenbeitrag, wenn sie einem Thema eine besondere Bedeutung zumißt. Der Korrespondentenbericht kann auch dazu dienen, die Nachricht zu ergänzen und zu erläutern.

Größere Radiostationen haben eigene Korrespondenten im In- und Ausland, die zumindest teilweise exklusiv für die Station arbeiten. In der ARD verfügen in vielen Fällen jeweils mehrere Sender an einem Ort über einen gemeinsamen Korrespondenten. Darüber hinaus können sie notfalls auch auf die Korrespondenten weiterer ARD-Anstalten zurückgreifen.

Kleinere Stationen, die sich dies nicht oder nur in bescheidenem Rahmen leisten können, haben verschiedene Möglichkeiten, trotzdem zu ihren Berichten zu kommen:
- *Größere Stationen* kontaktieren: vielleicht kann ein Beitrag überspielt werden.
- *Freischaffende Korrespondenten* kontaktieren, auch Zeitungskorrespondenten.
- *Medienunternehmen* kontaktieren, die zu gewissen Themen Korrespondentenberichte anbieten (dpa-audio, RUFA, Deutscher Dienst der BBC).

In der Regel bietet der Korrespondentenbericht das, was auch die übrige Nachrichtensendung bietet: das Neueste zu einem bestimmten Ereignis. Darüber hinaus kann er die Fakten vertiefen, kann sie genauer schildern, kann sie erklären, einordnen, einschätzen. Der Korrespondent tritt im Bericht als Person stärker hervor – sowohl im Inhalt als auch in der Sprache. (Ein Bericht kann zudem ein Statement enthalten, das dann allerdings schon sehr kurz ausfallen muß.)

Bei der Einleitung des Korrespondentenberichts kommt es darauf an, daß der Text direkt auf den O-Ton hinführt. Wenn der Korrespondent alle Fakten selbst darstellt, kann die Anmoderation kurz ausfallen. Etwas länger wird sie sein, wenn der Korrespondent die Fakten nicht selbst schildert, sondern nur einordnet und deutet oder eine Stimmung wiedergibt.
Gedanken machen sollte sich die Redaktion über den *Stil* der Anmoderation (siehe Beitrag »Sonderfall: Nachrichtenmoderation«).

Der redaktionelle Beitrag

Unter redaktionellem Beitrag wird hier ein Text verstanden, der inhaltlich einem Korrespondentenbericht entspricht, aber von einem Mitglied der Redaktion verfaßt wird. Bei einigen Redaktionen heißt er redaktioneller O-Ton oder R-Ton.

Üblicherweise wird er dann eingesetzt, wenn für das betreffende Thema kein Korrespondentenbericht verfügbar ist, oder wenn ein Überblick zu geben ist, zu dem mehrere Korrespondenten beizutragen hätten (z.B. internationale Reaktionen auf ein bestimmtes Ereignis).

Der redaktionelle Beitrag kann von einem Mitglied der Nachrichtenredaktion selbst geschrieben werden, oder man gewinnt dafür einen Fachredakteur aus dem eigenen Haus.

Das Statement

Korrespondentenbericht und redaktioneller Beitrag stammen immer von Leuten, die beruflich für Medien tätig sind. Sie berichten über Geschehnisse als Informationsvermittler. Darin unterscheiden sich ihre Texte grundsätzlich von Texten, die von Leuten stammen, die selbst Teil der Geschehnisse sind, über die berichtet werden soll.

Lieferanten von Statements sind deshalb auch fast immer parteiisch – vertreten irgendwelche Interessen. Das Statement kann indirekte Rede oder auch wörtliches Zitieren im redaktionellen Text ersetzen und wirkt naturgemäß authentischer als dieser.

Für den Einsatz von Statements gibt es verschiedene Gründe. Meistens werden Statements verwendet, um
- eine wichtige Aussage zu dokumentieren.
- klare Stellungnahmen zu dokumentieren (Aussagen, die klar interessegeleitet sind, wirken im Originalton authentischer als in der Wiedergabe durch die Redaktion, und es ist zudem möglich, jemanden auf eine Aussage festzunageln).
- Betroffene zu Wort kommen zu lassen. Hier mag der Begriff »Statement« irreführend sein: in solchen Fällen handelt es sich selten um Erklärungen oder Verlautbarungen, sondern meist schlicht um Schilderungen von Erlebtem. Als Beispiel sei hier die Reaktion einer DDR-Bürgerin angesichts der soeben gefallenen Berliner Mauer genannt.

Die Herkunft von Statements. Bei *öffentlichen Statements* ist der Text öffentlich gesprochen worden und wurde für eine mög-

liche spätere Verwendung aufgenommen: Ausschnitte aus Parlamentsdebatten, Reden, Pressekonferenzen.
Bei *nichtöffentlichen Statements* setzt sich ein Journalist mit jemandem in Verbindung und erhält von dieser Person, sozusagen exklusiv, gewisse Informationen. Im Gegensatz zum öffentlichen Statement, das einmalig ist, kann der Journalist das nichtöffentliche Statement wiederholen lassen – beispielsweise, wenn sich die befragte Person verspricht, zu lange redet usw.
Eine dritte Möglichkeit sind die *O-Ton-Angebote* von Parteien und anderen Organisationen.

Qualitätsmaßstab: Gesendet werden sollte ein Statement nur dann, wenn es inhaltlich mindestens ebenso gut ist wie ein redaktioneller Text, wenn es prägnant formuliert ist und das Wichtigste in aller Kürze auf den Punkt bringt. Oder: wenn es eine Stimmung, das Erlebnis am Ort des Geschehens so glaubhaft zum Ausdruck bringt, daß es den redaktionellen Text sinnvoll ergänzt.

Drei Möglichkeiten des Einbaus in die Sendung gibt es: Haas, Frigge und Zimmer nennen sie den »geschlossenen«, den »halboffenen« und den »offenen« Einbau.[1] Der »halboffene« und der »offene« Einbau sollten nur dann eingesetzt werden, wenn ein geschlossener Einbau nicht möglich ist.

Beim geschlossenen Einbau ist der O-Ton sprachlich eine geschlossene Einheit, inhaltlich ein abgeschlossener Gedanke. Das Gleiche gilt für den redaktionellen Text. Beispiel:
(redaktioneller Text) `Partei X hat heute die Medien informiert.`
`Ihr Sprecher sagte:` **(O-Ton)** `Eine Spaltung der Partei ist verhindert worden, weil die internen Differenzen bereinigt werden konnten und mehrere Vorstandsmitglieder in Anbetracht der schwierigen Lage, in der wir uns befinden, ihre Posten zur Verfügung stellen.`

Beim halboffenen Einbau stellt der O-Ton sprachlich und gedanklich keine abgeschlossene Einheit dar, der Anfang oder das Ende fehlen. Der halboffene Einbau ist schwieriger zu realisieren

als der geschlossene, weil der redaktionelle Text noch präziser auf den O-Ton hinführen muß:
(Redaktioneller Text) Partei X hat heute die Medien informiert. Ihr Sprecher sagte, die Spaltung der Partei sei verhindert worden, **(O-Ton)** weil die internen Differenzen bereinigt werden konnten und mehrere Vorstandsmitglieder in Anbetracht der schwierigen Lage, in der wir uns befinden, ihre Posten zur Verfügung stellen. **(O-Ton-Beginn fehlt)**
oder
(redaktioneller Text) Partei X hat heute die Medien informiert. Ihr Sprecher sagte: **(O-Ton)** Eine Spaltung der Partei ist verhindert worden, weil die internen Differenzen bereinigt werden konnten, **(redaktioneller Text)** und außerdem mehrere Vorstandsmitglieder ihre Posten zur Verfügung stellten. **(O-Ton-Ende fehlt)**
Die Beispiele zeigen, wie präzise man den O-Ton in diesen Fällen antexten muß.

Beim offenen Einbau stellt der O-Ton sprachlich und gedanklich keine abgeschlossene Einheit dar; es fehlen Anfang und Ende des O-Tons. Der redaktionelle Text führt den O-Ton sprachlich und gedanklich ein und beendet ihn auch.
(Redaktioneller Text) Partei X hat heute die Medien informiert. Ihr Sprecher sagte, die Spaltung der Partei sei verhindert worden, **(O-Ton)** weil die internen Differenzen bereinigt werden konnten, **(redaktioneller Text)** und weil mehrere Vorstandsmitglieder ihre Posten zur Verfügung stellten.
Zweifellos verlangt diese Form ein konzentriertes Zuhören. Man muß es sich deshalb gut überlegen, ob man das Mittel des »offenen« Einbaus anwendet. Der Zuhörer braucht ja ohnehin eine gewisse Zeit, bis er sich auf eine neue Stimme eingestellt hat. Ein Statement sollte deshalb nicht kürzer sein als 10 bis 15 Sekunden.

Axel Buchholz, Statement. In: La Roche/Buchholz (Hrsg.), Radio-Journalismus, (List Journalistische Praxis), München 1993

Das Kurzinterview

Inhaltlich ist das Kurzinterview mit dem Statement verwandt, formal aber davon stark verschieden. Es ist eine sehr heikle Form, gerade dann, wenn das Gespräch live ausgestrahlt wird: Sowohl Frager als auch Befragter müssen in hohem Maß sprachlich gewandt, reaktionsschnell und in ihrer Rede diszipliniert sein, damit in der notwendigen Kürze die gewünschte Information vermittelt werden kann.

Ob live oder vorproduziert – im Kurzinterview stellt ein Redaktionsmitglied einem kompetenten Gesprächspartner zwei, drei kurze Fragen. Mögliche Ansage:
`Ich/meine Kollegin AB habe/hat XY kurz vor dieser Sendung einige Fragen gestellt` (folgt Kurzinterview) oder
`In Washington verfolgt unser USA-Korrespondent das Geschehen. Ich bin jetzt am Telefon mit ihm verbunden. XY, wie ist die Lage zur Zeit?`

Besonders wegen der Gefahr ausufernder Antworten sollte das Kurzinterview gründlich vorbereitet sein. Man sollte genau überlegen, was man erreichen will.

Hilfreich ist auch ein Vorgespräch, inhaltlich und formal: »Halten Sie sich so kurz wie möglich, wir haben nur 50 Sekunden Zeit«.

[1] Michael H. Haas/Uwe Frigge/Gert Zimmer, Radio-Management. Ein Handbuch für Radio-Journalisten, München 1991, S. 353-355

Nachrichten mit O-Tönen: Pro und Contra

Vorteile:
1. O-Ton macht die Nachrichten unmittelbarer, z. B. wenn die Stimme eines Politikers selbst zu hören ist (und seine Worte nicht nur zitiert werden).
2. O-Ton macht die Nachrichten authentischer, z. B. wenn sich der Korrespondent vom Ort des Geschehens meldet.

3. O-Ton macht die Nachrichten lebendiger, weil mehrere Stimmen sich abwechseln und auch die Hintergrundakustik nicht gleichbleibt.
4. O-Ton kann die Aktualität steigern, wenn sich die Redaktion bis zuletzt um eine O-Ton-Auskunft bemühen muß (vgl. Contra-Argumente Nr. 5 und 6).
5. Die Kenntnisse der eigenen Korrespondenten werden besser genutzt; die Agenturabhängigkeit wird geringer.

Nachteile:
1. O-Ton-Nachrichten sind nicht so knapp und aufs Wesentliche reduziert wie Text-Nachrichten.
2. O-Ton-Nachrichten sind nicht so objektiv; sie enthalten subjektive Elemente, z. B. kommentierende Bemerkungen in Korrespondentenberichten.
3. Innerhalb der Nachrichtensendungen bekommen Meldungen mit O-Ton ein Übergewicht, das sachlich nicht immer gerechtfertigt ist.
4. Das Themenspektrum wird kleiner. Ein Thema mit O-Ton beansprucht so viel Zeit, daß meist eine zusätzliche Meldung wegfallen muß.
5. Der Stimmen- und Akustikwechsel verringert die Verständlichkeit (der Hörer muß sich immer wieder »einhören«).
6. Fehler innerhalb der O-Töne können vielfach nicht mehr korrigiert werden.
7. O-Töne sind meistens vorproduziert; sie können nicht wie der Nachrichtentext bis zum Sendebeginn aktualisiert werden.

Spezialnachrichten

Regionalnachrichten

Grundsätzlich gelten für Regionalnachrichten die gleichen Regeln wie für die allgemeine Nachrichtenberichterstattung. Trotzdem gibt es einige Besonderheiten.

Materialbeschaffung. Je nach Größe der Region (Bundesland, Regionalbezirk, Großstadt) hat die Nachrichtenredaktion mehr oder weniger Ausgangsmaterial zur Verfügung. Die Nachrichtenagenturen berichten in ihren Landesdiensten nicht über alle Ereignisse. Die Regionalnachrichten müssen also auch aus eigenrecherchiertem Material bestehen.

Die Recherche fängt an bei der Auswertung der Lokalzeitungen, geht über die Vergabe von Aufträgen an Reporter oder Außenstudios und hört auf bei der Pflege guter Kontakte zu Informanten in wichtigen Bereichen (Politik, Wirtschaft, Gewerkschaft, Polizei etc.). Diese Kontakte sind wichtig, bergen aber auch ein Risiko: Die Unabhängigkeit der Redaktion ist schwerer zu bewahren. Jeder Informant will sich und seine Interessen berücksichtigt sehen.
Da die Regionalnachrichten zugleich dichter am Kunden sind, d.h. kenntnisreicher gehört werden, gibt es auch wesentlich mehr Beschwerden. Politiker oder Verbandsfunktionäre, die sich mißverstanden fühlen, rufen häufig direkt in der Redaktion an. Da heißt es Nerven bewahren.

Ohne Eigenrecherche müßten Regionalnachrichten entweder sehr kurz oder unaktuell ausfallen. Vor allem morgens wird das deutlich: Die Landesdienste der Nachrichtenagenturen schließen im Regelfall gegen 19 Uhr und öffnen frühestens um 8 Uhr. Das heißt, aktuelles Material vom späten Abend oder aus der Nacht ist nur in Eigenarbeit zu bekommen, zum Beispiel durch Telefonate mit den Polizeidirektionen.

Zur Eigenarbeit gehört auch eine rechtzeitige Vorplanung:

Spezialnachrichten

Die Nachrichtenredaktion koordiniert die Besetzung von Terminen mit dem Zeitfunk und anderen Redaktionen und versucht auf diese Weise, Material für die Spät- und Frühnachrichten zu bekommen.

Der Aktualitätswert von Regionalmeldungen kann im übrigen morgens etwas wohlwollender als bei den »Weltnachrichten« gemessen werden. Eine regionalpolitische Meldung vom frühen Abend kann durchaus in den Frühnachrichten auftauchen, eine bundespolitische kaum. Die Möglichkeit, daß der Hörer die regionale Meldung z. B. aus dem Fernsehen schon kennt, ist gering.

Für die Plazierung der Regionalnachrichten im Programm gibt es drei Möglichkeiten:

Trennen. Regionalnachrichten können von den regulären Nachrichtensendungen vollkommen abgetrennt werden. Üblicherweise erhalten sie dann feste Sendeplätze über den Tag verteilt. Landessender richten zu diesen Zeiten die sogenannten »regionalen Fenster« ein, das heißt, auf ein bestimmtes Stichwort wird in den verschiedenen Regionalstudios eine Sendung gestartet, die nur auf der Frequenz für die jeweilige Region zu hören ist.

Tendern. Die Regionalmeldungen werden an die stündliche Weltnachrichtensendung angehängt, oft mit einem entsprechenden Jingle oder Hinweis gekennzeichnet. Das Tendern hat – wie auch die völlige Abtrennung – den Nachteil, daß die Regionalnachrichten in gewisser Weise ghettoisiert werden. Anhängen heißt immer auch hintanstellen, also als weniger wichtig beurteilen. Zudem wird das Format immer dann durcheinander gebracht, wenn eine Meldung aus der Region in die Hauptnachrichten aufgenommen wird, alle anderen aber erst am Ende der Sendung folgen.

Mischen. Mit einer Mischform wird eine Benachteiligung der Regionalnachrichten vermieden. Dabei werden die regionalen Meldungen in alle Nachrichtensendungen integriert, stehen also nicht automatisch am Ende, sondern können sogar der Aufmacher sein. Diese Lösung hat allerdings den Nachteil, daß bei ei-

nem großen regionalen Angebot viele andere Meldungen herausfallen müssen, wenn man die vorgegebene Länge nicht überschreiten will. Die Auswahl wird also schwieriger.
Umgekehrt bietet ein mageres regionales Angebot die Möglichkeit, bundespolitische Themen auf die regionale Ebene zu ziehen: Was sagt der Landesparteichef zum Bonner Streit um die Mineralölsteuer, wie steht der Sozialminister des Landes zum ABM-Stopp/wieviele ABM-Stellen fallen dadurch in der Region weg, wie beurteilt die örtliche Gewerkschaft den Tarifabschluß etc.?

Lokalnachrichten

Die besonderen Probleme der Lokalnachrichten ähneln denen der Regionalnachrichten, zum Teil allerdings in verschärfter Form.

Mitarbeitermangel. Im lokalen Bereich gibt es fast keine Vorarbeit durch die Nachrichtenagenturen, nahezu alle Nachrichten müssen selbst beschafft werden. In einer Großstadt kann das heißen, daß täglich bis zu 20 Termine besetzt werden müssen. Nachrichtenlieferanten sind meist junge freie Mitarbeiter mit wenig Berufserfahrung, oft Studenten. Die Fluktuation ist sehr hoch. Selten können diese Mitarbeiter beurteilen, welcher von zehn Tagesordnungspunkten im Umweltausschuß des Rates schon in der letzten Woche im Planungsausschuß oder in einer der Bezirksvertretungen behandelt wurde.

Eine Spezialisierung der Mitarbeiter ist nur begrenzt möglich: Gerichtstermine, Pressekonferenzen von Polizei oder Staatsanwaltschaft, Firmen-, Verbands-, Gewerkschaftskonferenzen, Ausstellungseröffnungen und Theaterpremieren bestimmen das Lokalgeschehen noch mehr als klassische Kommunalpolitik. Gleichzeitig landen Dutzende von Mitteilungen auf dem Schreibtisch: Vom Mütterzentrum bis hin zur Bürgerinitiative. Hinzu kommt, daß viele Lokalradios sich keine ganze Nachrichtenredaktion leisten können. Häufig machen die Magazinredakteure oder die Chefs vom Dienst die Nachrichten nebenbei mit.

Spezialnachrichten

Frühzeitig sichten und (aus-)sortieren. Manche Lokalnachrichten sind vor dem Ereignis für den Hörer interessanter als anschließend, denn sie ermöglichen ihnen erst die unmittelbare Teilnahme. Das heißt nicht, daß die Lokalnachrichten zum Veranstaltungskalender degradiert werden. Positivbeispiel: Die Schutzgemeinschaft Fluglärm will in einer Anhörung mit Vertretern der Ratsparteien über die weiteren Ausbaupläne für den Regionalflughafen informieren. Die Veranstaltung ist öffentlich und beginnt am … um …

Terminhonorare zahlen. Die Nachrichtenlieferanten sollten die Redaktion zunächst umfassend über einen Termin informieren, auch über die Fortschreibung von längst Bekanntem. Honorare sollten für die Termine gezahlt werden, nicht für die einzelne gesendete Meldung. So gerät kein Lieferant in Versuchung, Unwichtiges zu verkaufen.

Den Kern der Nachricht erkennen. Die Lokalnachricht soll und kann Selbstdarstellungsbeiträge vermeiden, auch wenn von außen gedrängelt und Druck ausgeübt wird. Wenn Bezirksvorsteher XY einen neuen Spielplatz einweiht (»auch das Radio ist herzlich zum Fototermin mit Kindern eingeladen«), kann die Nachricht auch so aussehen:

In der Uhlandstraße gibt es seit heute einen neuen Spielplatz. Nach den Richtlinien des sogenannten Goldenen Plans fehlen damit nur noch sechs Spielplätze in der Nordstadt. Der Rat hat schon 1972 beschlossen, daß für jeweils 100 Wohnungen ein Spielplatz angelegt werden soll.

Der Termin des Bezirksvorstehers ist damit wahrgenommen. Er kann sich nicht beklagen, die Hörer aber auch nicht.

Über den Kirchturm hinausschauen. Ähnlich wie Regionalnachrichten können auch Lokalnachrichten ganz ohne lokalen Anlaß entstehen, wenn die Redaktion Termine und Waschzettel beiseite schiebt und sich den Kopf freihält für das, was wirklich Stadtgespräch ist (oder sein könnte). Beispiele:
– Der Dollarkurs ist rapide gefallen – was heißt das für den stark exportorientierten Anlagenbauer am Ort?

- Wie bekämpft eine andere Stadt die Drogensucht, während am eigenen Ort ständig nach mehr Polizei gerufen wird?
- In Bonn beschließt das Kabinett, die Mittel der Bundesanstalt für Arbeit zu kürzen – wieviele Arbeitsbeschaffungsmaßnahmen in welchen Projekten in der eigenen Stadt wird das betreffen?

Weniger kann mehr sein. Am leichtesten ist es immer, die Sendungen mit Polizei- oder Gerichtsmeldungen aufzufüllen. Doch die täglichen Unfälle und Einbrüche sind austauschbar. Der letzte Rat für die lokale Redaktion ist daher: Lieber weniger, dafür substantielle Meldungen senden, gegebenenfalls mit O-Tönen, als den hoffnungslosen Versuch zu unternehmen, allen Erwartungen zu entsprechen und das gesamte Material zu verarbeiten.

Sport in den Nachrichten

Nachrichten – das ist hier schon mehrfach dargestellt worden – sind nicht nur wichtige Neuigkeiten, sondern auch interessante. Was aber ist für Millionen Menschen interessanter als der Sport?! Das müssen keine Olympischen Spiele sein, um die Massen zu bewegen, ja noch nicht einmal die wöchentlichen Spiele der Fußball-Bundesliga.
Zur Faszination des Sports gehört auch, daß er immer wieder außergewöhnliche Persönlichkeiten hervorbringt, mit denen sich die Mehrzahl der Menschen weit eher identifiziert als beispielsweise mit Politikern.

Wie groß das Interesse der Hörer an Sportinformationen ist, belegt eine Meinungsumfrage des Bayerischen Rundfunks vom Februar 1992. Danach ist es für 64 Prozent aller Radiohörer über 14 Jahre in Bayern »wichtig« oder sogar »sehr wichtig«, daß »in den Hörfunknachrichten auch über große Sportereignisse berichtet wird«. Jeweils etwa Dreiviertel der Befragten, die solche Informationen für wichtig oder sehr wichtig halten, nennen Fußball, Tennis und Skisport als diejenigen Sportarten, über die auf jeden Fall berichtet werden soll. Aber auch Sportarten wie Leichtathletik, Schwimmen oder Radfahren erreichen noch Werte zwischen 68 und 39 Prozent.

Die Beliebtheit der Sportarten schwankt allerdings – meist abhängig von den Erfolgen »unserer« Sportlerinnen und Sportler. Auch regional gibt es Unterschiede. Der Skisport interessiert wohl in Bayern mehr, das Segeln in Schleswig-Holstein.

Kriterien für die Auswahl von Sportmeldungen sind also einmal die Erfolge und die Beliebtheit der Sportler und ihrer jeweiligen Disziplinen, zum anderen aber auch die »Sensation« – das ungewöhnliche Ergebnis oder auch das von der Norm abweichende Verhalten eines Sportlers.
Bei Sportinformationen in den Nachrichten geht es nicht nur um einen Ergebnisservice, sondern auch um positive wie negative Begleitumstände und Auswirkungen, um soziale, politische, wirtschaftliche Hintergründe. Einige Stichwörter dazu: Doping, Sponsoring, Ablösesummen, Fernsehrechte, Olympiabewerbung ... Ob es nun das Sportergebnis pur, eine Personalmeldung (Trainerwechsel in der Fußball-Bundesliga) oder eine sportpolitische Entscheidung ist – wenn das Ereignis wichtig und/oder interessant ist, gehört es auch in die Nachrichtensendung.

Auf die Ein- bzw. Überleitung `Und nun noch eine Meldung vom Sport` kann verzichtet werden – schließlich ist die Sportmeldung eine ganz normale Nachricht wie die Kanzlerrede oder der Dollarkurs.
Zu einer »ganz normalen Nachricht« gehört übrigens auch das Prinzip, das für den Hörer Interessanteste an die Spitze zu stellen. Das sind im Sport in der Regel die Erfolge der deutschen Athleten. Deshalb ist es möglich, eine Meldung beispielsweise mit »nur« der Bronzemedaille eines Deutschen aufzumachen und die beiden vor ihm plazierten Ausländer danach zu nennen.

Hilfsmittel des Nachrichtenredakteurs

Jede Nachrichtenredaktion benötigt eine kleine Bibliothek mit stets aktuell gehaltenen Hilfsmitteln. Wichtige Bestandteile dieser Grundausrüstung sind:
- der *Duden* als Standard-Handbuch der deutschen Sprache (v.a. die Bände: »Rechtschreibung«, »Grammatik«, »Stilwörterbuch«, »Fremdwörterbuch«, »Aussprachewörterbuch«, »Richtiges und gutes Deutsch«)
- der *Oeckl* – das »Taschenbuch des öffentlichen Lebens – Deutschland«
- *»Wer ist Wer?* – Das deutsche Who's Who«
- *Handbuch des Bundestages* sowie Handbücher der *Landesparlamente*, die zum Sendegebiet gehören
- *Das Grundgesetz*
- Liste der *Telefon- und Telefaxverbindungen* zu Korrespondenten im In- und Ausland
- ein ausführliches *Handlexikon* (z. B. das 20-bändige dtv-Lexikon)
- *Wörterbücher* (mindestens: Englisch, Französisch)
- Fischer- und/oder Knaur-*Welt-Almanach*
- *Telefonbücher* des Sendegebietes
- eine *Landkarte* des Sendegebietes
- ein *Weltatlas*

Die Nachrichtenquellen

Die Agenturen

Die Nachrichtenagenturen sind mit Abstand die wichtigsten Informationsquellen. Die großen Agenturen sind weltumspannende Unternehmen, für die Hunderte von Reportern, Korrespondenten und Redakteuren Informationen sammeln, verarbeiten und verteilen. Die Nachrichten gelangen über Satelliten, Fernschreibleitungen oder Funk zu den Kunden, wichtige Ereignisse werden über die Agenturen blitzschnell in der ganzen Welt bekannt: Als am 22. November 1963 in Dallas die tödlichen Schüsse auf Präsident Kennedy fielen, vergingen nur vier Minuten, bis die amerikanische Nachrichtenagentur UPI die erste Eil-Meldung über das Attentat verbreitete.

Die Geschichte der Nachrichtenagenturen ist unmittelbar mit der Erfindung und Entwicklung des Telegraphen verbunden. Der Franzose Charles-Louis Havas setzte ihn ab 1845 zur Nachrichtenübermittlung ein. Er hatte 1835 in Paris die *Agence Havas* gegründet, die erste Nachrichtenagentur der Welt.
Zwei Deutsche, Paul Julius Reuter und Bernhard Wolff, die sich von den Revolutionswirren in Deutschland nach Paris abgesetzt hatten, gingen 1848 bei Havas in die Lehre und wurden schon wenig später seine wichtigsten Konkurrenten: Wolff gründete in Berlin *Wolff's Telegraphisches Büro* (WTB). Reuter unterhielt zunächst in Aachen, dann in London ein Büro für Wirtschaftsnachrichten, aus dem die Weltagentur *Reuter* hervorging. Fast zeitgleich kam 1848 in New York die amerikanische Agentur *Associated Press* (AP) hinzu.

Von diesen vier »Gründeragenturen«, die die Welt bald durch Kartellverträge in Interessengebiete aufteilten, bestehen bis heute Reuters, AP und als Havas-Nachfolgerin die französische *Agence France-Presse* (AFP) fort. Sie werden wegen ihres globalen Kunden- und Korrespondentennetzes als Weltagenturen bezeichnet.
Auf dem internationalen Nachrichtenmarkt sind auch zahlreiche

nationale Agenturen tätig, darunter die *Deutsche Presse-Agentur* (dpa).

Die Nachrichtenagenturen als Propagandainstrument: Reuters und AP ist es in ihrer Geschichte weitgehend gelungen, Einflußnahme von außen abzuwehren und in der Nachrichtengebung unabhängig zu bleiben. In Deutschland dagegen geriet das WTB schon bald nach seiner Gründung unter die Kontrolle der Reichsregierung und behielt auch in der Weimarer Republik einen fast behördenähnlichen Charakter. Die in den zwanziger Jahren hinzukommende *Telegraphen Union* (TU) gehörte zum rechtskonservativen Hugenberg-Konzern, das im Dezember 1933 durch die Fusion von WTB und TU entstandene *Deutsche Nachrichten Büro* (DNB) wurde ein Propagandainstrument der Nazis.

Erst seit dem Ende des Zweiten Weltkrieges, arbeiten in Deutschland wirklich freie und unabhängige Nachrichtenagenturen, dafür in einer in der ganzen Welt einmaligen Vielfalt.

Deutsche Presse-Agentur (dpa): Wie beim Rundfunk im Nachkriegsdeutschland trugen auch die Gründerväter der Deutschen Presse-Agentur (dpa) die Khaki-Uniformen der Besatzungsmächte (siehe Kapitel »Radionachrichten in Deutschland«). Briten, Amerikaner und Franzosen hatten in ihren Besatzungszonen Nachrichtendienste aufgebaut und schrittweise in deutsche Regie übergeben. Diese Dienste schlossen sich 1949 zur Deutschen Presse-Agentur zusammen. Sie verbreitete am 1. September morgens um 6 Uhr von Hamburg aus ihre erste Meldung.

Prägend war in den ersten Nachkriegsjahren der Einfluß der uniformierten angelsächsischen Journalisten, unter ihnen Männer wie Sefton Delmer, vor dem Krieg Berlin-Korrespondent des »Daily Telegraph«. Sie vermittelten ihren deutschen Schülern in den Vorläuferagenturen der dpa redaktionelle Grundsätze, die für den Journalismus in Deutschland auch in der Weimarer Republik keineswegs selbstverständlich gewesen waren: saubere Trennung von Nachricht und Kommentar, Tatsachengenauigkeit, klare Quellenangabe, nüchtern-distanzierter Stil.

Auch die Organisations- und Rechtsform der dpa orientiert sich an angelsächsischen Vorbildern. Die GmbH ist ein Gemeinschaftsunternehmen der deutschen Medien mit genossenschaftlichen Zügen. Die 200 Gesellschafter sind ausschließlich Verlage sowie öffentlich-rechtliche und private Rundfunk- und Fernsehanstalten. Kein Gesellschafter darf mehr als 1,5 Prozent des Gesellschaftskapitals halten, was eine Majorisierung durch Großverlage verhindern soll.
Der Kernsatz im Statut der Agentur lautet: »Das Unternehmen erfüllt seine Aufgabe unparteiisch und unabhängig von Einwirkungen und Einflüssen durch Parteien, Weltanschauungsgruppen, Wirtschafts- und Finanzgruppen und Regierungen.«

Wichtigster Dienst der dpa ist der *Basisdienst* mit deutschen und internationalen Nachrichten, den praktisch alle deutschen Zeitungen und Rundfunkstationen beziehen. Im Gründungsjahr der Agentur umfaßte er täglich 19.000 Wörter, heute sind es über 100.000.
Hinzu kommen zwölf *Landesdienste* mit zusammen ebenfalls rund 100.000 Wörtern.
dpa verbreitet ferner *Auslandsdienste* in deutscher (Europadienst), englischer, spanischer und arabischer Sprache.

Quellen: Im Inland unterhält dpa zahlreiche Landes- und Bezirksbüros. Im Ausland ist die Agentur in mehr als 80 Ländern durch Korrespondenten und feste Mitarbeiter vertreten. Kooperationsverträge bestehen mit etwa 70 anderen Nachrichtenagenturen.

ddp/ADN: Die Wiedervereinigung hat zwei deutsche Nachrichtenagenturen mit denkbar unterschiedlicher Geschichte zu einem Unternehmen zusammengeführt: den von Journalisten geschaffenen *Deutschen Depeschen-Dienst* (ddp) und den DDR-amtlichen *Allgemeinen Deutschen Nachrichtendienst* (ADN). Beide firmieren seit dem 1. August 1992 als eine Gesellschaft. Seit dem 13. Dezember 1993 geben sie auch einen gemeinsamen Dienst heraus.

Der Deutsche Depeschen-Dienst war 1971 von Mitarbeitern des deutschsprachigen UPI-Dienstes gegründet worden, nachdem die amerikanische Agentur diesen Dienst eingestellt hatte. Nach dem Konkurs 1983 wurde ddp in eine Aktiengesellschaft umgewandelt. ddp bemühte sich um eine komplementäre Berichterstattung zum Angebot der etablierten Agenturen und konzentrierte sich dabei auf das Inland und das Geschehen in Bonn. Mit seiner schnellen und ausführlichen Parlamentsberichterstattung gewann ddp vor allem bei den Rundfunkanstalten Kunden.

Der Allgemeine Deutsche Nachrichtendienst war 1946 als GmbH entstanden und wurde 1953 von der DDR-Regierung verstaatlicht. Die Agentur erhielt eine absolute Monopolstellung; alle Massenmedien in der DDR waren von ihrem Nachrichtenangebot abhängig. Welche Nachrichten die Agentur verbreitete, wurde durch Richtlinien oder direkte Weisungen der Regierung und der Partei bestimmt. Der ADN-Generaldirektor wurde vom Ministerrat berufen. Die Agentur wurde aus dem Staatshaushalt finanziert und hatte zeitweilig 1.300 Mitarbeiter.
Nach der Wende 1989 löste sich ADN aus der staatlichen Bevormundung und wurde 1990 wieder in eine Kapitalgesellschaft umgewandelt. Bis Ende Juli 1992 unter der Verwaltung der Treuhand, ging das Unternehmen in den Besitz der Düsseldorfer Effecten-Spiegel AG über, die seit 1983 schon die Anteilsmehrheit bei ddp hält.

Associated Press (AP) war die erste ausländische Agentur, die einen eigenständigen deutschen Dienst herausbrachte. Ab Januar 1946 lieferte die Agentur ihn an Zeitungen in den drei Westzonen, eine Zeit lang auch an Blätter in Ostberlin, Weimar und Leipzig. 1950 zog die AP-Zentrale nach Frankfurt/Main um. Heute rangiert AP in Deutschland, gemessen am Marktanteil, nach dpa an zweiter Stelle. Die deutschsprachigen AP-Nachrichten gehen an rund 300 Bezieher in Deutschland, Österreich, Luxemburg und der Schweiz.
Associated Press war 1848 als Genossenschaft von sechs New Yorker Zeitungen gegründet worden. Die Agentur wird finanziert durch Beiträge ihrer amerikanischen Mitglieder und die Bezugsgebühren der übrigen Kunden im In- und Ausland. Das Genossenschaftsmodell von AP wurde für viele Agenturen in der Welt zum Vorbild.
Aus seiner Zentralredaktion im New Yorker Rockefeller Center

versorgt AP auf dem riesigen amerikanischen Markt 1.600 Zeitungen und 6.000 Rundfunk- und Fernsehstationen mit Nachrichten. Die Zahl ihrer Auslandskunden gibt die Agentur mit 8.500 in 112 Ländern an.

Reuters: Paul Julius Reuter, als Sohn eines Rabbiners in Kassel geboren, eröffnete 1849 in Aachen ein »Institut zur Übermittlung telegraphischer Depeschen«, das Bankiers und Kaufleute mit Wirtschaftsinformationen versorgte. Er setzte Brieftauben ein, um die zwischen Brüssel und Aachen bestehende Lücke in der Telegraphenvermittlung von Paris nach Berlin zu überbrücken. Französische und belgische Börsennotierungen konnte er so mit mehrstündigem Vorsprung verbreiten. Weihnachten 1850 schloß sich die Lücke, und das junge Unternehmen verlor seine Geschäftsgrundlage.
Reuter ging nach London, wo er erfolgreich an die Arbeit in Aachen anknüpfte. 1859 wandelte er seinen Wirtschaftsdienst in »Reuters Allgemeinen Nachrichtendienst« um. Die Agentur folgte in den kommenden Jahrzehnten jedem neuen Telegraphenkabel, das im britischen Empire gelegt wurde und hatte bald eine dominierende Stellung errungen. Schon 1865 hatte Julius Reuter seine Firma in eine Aktiengesellschaft umgewandelt.
Nach mehrfacher Reorganisation ist Reuters heute eine »Public Company« mit einer Unternehmenskonstruktion, die den Charakter einer Aktiengesellschaft mit der Wahrung treuhänderischer Grundsätze und journalistischer Unabhängigkeit verbinden soll. Hauptaktionäre sind die Verlegerverbände Großbritanniens, Australiens und Neuseelands sowie das Scheichtum Abu Dhabi. Reuters beliefert Medienkunden in 158 Ländern.
Dennoch macht das Nachrichtengeschäft nur noch einen geringen Teil vom Umsatz aus. Seit den sechziger Jahren hat Reuters mit außerordentlichem Erfolg einen Informationsdienst aufgebaut, der Wirtschaftskunden in aller Welt Aktien-, Gold-, Devisen-, Rohstoff- und Frachtenkurse übermittelt. Seit 1971 verbreitet Reuters von Bonn aus einen deutschsprachigen Dienst (Reuter).

Agence France-Presse (AFP): ist neben Reuters und AP die dritte Weltagentur. Sie hat nach eigenen Angaben mehr als 1.000 Direktkunden. Die Dienste der Agentur erscheinen in sechs Spra-

chen – Französisch, Englisch, Spanisch, Deutsch, Arabisch und Portugiesisch. AFP hat Mitarbeiter in fast 150 Ländern.
Der deutschsprachige Dienst von AFP wird seit 1987 in Bonn produziert: er wurde durch den gezielten Aufbau einer deutschen Inlandsberichterstattung wesentlich verbessert.
Die französische Agentur entstand 1944 durch den Zusammenschluß mehrerer von Emigranten und Widerstandskämpfern gebildeter Informationsdienste. Sie betrachtet sich als direkte Nachfolgerin der traditionsreichen Agence Havas, die 1940 von den deutschen Besatzungsbehörden geschlossen worden war.
Von Havas übernahm AFP freilich auch ein belastendes Erbe, die Abhängigkeit vom französischen Staat. Er subventionierte und kontrollierte AFP bis zum Jahre 1956.
Seit 1957 ist die Agentur eine öffentlich-rechtliche Körperschaft, deren Unabhängigkeit durch ein vom Parlament verabschiedetes Statut garantiert wird.

Vier Spezialagenturen verbreiten auf dem deutschen Markt Nachrichten aus Wirtschaft, Sport und Kirche. Es sind:
– VWD (*Vereinigte Wirtschaftsdienste*)
– sid (*Sport-Informationsdienst*)
– epd (*Evangelischer Pressedienst*)
– KNA (*Katholische Nachrichtenagentur*)

Die Nachrichtenagentur IPS (Inter Press Service), die in Deutschland unter dem Namen *IPS Dritte Welt Nachrichtenagentur* arbeitet, versteht sich als »professionelle und unabhängige Stimme aus und für den Süden«. IPS wurde 1964 in Rom als Genossenschaft von Journalisten ins Leben gerufen.

[1] Hansjoachim Höhne, Report über Nachrichten-Agenturen, Baden-Baden 1984
[2] Dieter Basse, Wolffs's Telegraphisches Bureau 1849-1933, München 1991
[3] Bernd Blöbaum, Nachrichten-Agenturen in den Nord-Süd-Beziehungen, Berlin 1983
[4] Felix Bauer, Weltagentur auf dem deutschen Nachrichtenmarkt: Reuters. In: Agenturen im Nachrichtenmarkt, Jürgen Wilke (Hrsg.), Köln, Weimar, Wien 1993
[5] Manfred Steffens, Das Geschäft mit der Nachricht, Hamburg 1969

Zweifelsfall: Dementis

Was tun, wenn eine Agenturmeldung dementiert wird? Wenn die Meldung in den eigenen Nachrichten enthalten war, kommt man um das Dementi nicht herum. Korrektheit in der Berichterstattung ist oberstes Gebot.
Wenn die Meldung noch nicht gesendet wurde, wird man nach dem Dementi natürlich erst recht darauf verzichten. Es sei denn, die Sache wird jetzt erst richtig interessant.
Auch solche Fälle gibt es.

Agenturkürzel

Alle Nachrichtenagenturen geben ihren Meldungen eine Ziffer von 1 bis 6, um die Dringlichkeitsstufe zu kennzeichnen.

Diese Prioritätsziffern stehen in der obersten Zeile der Meldung neben der laufenden Nummer. Bei dpa sind sie so definiert:
1 Blitz,
2 Eil Eil oder Eil,
3 Vorrang,
4 Hohe Dringlichkeit,
5 Mittlere Dringlichkeit,
6 Niedrige Dringlichkeit.
Ähnlich lauten die Dringlichkeitsstufen der anderen Agenturen.

Andere Agenturkürzel können dem Kunden völlig rätselhaft sein, zum Beispiel die *Anfangszeile* `AP-108 4 pl 301 AP-Do 384`. Sie bedeutet: 108. AP-Meldung an diesem Tag, durchschnittliche Dringlichkeit, Ressort: Politik, Zahl der Wörter: 301. Die letzte Zahl ist eine weitere laufende Nummer, allerdings rein AP-intern.
In der *vorletzten Zeile* der Meldung sind die Verfasser versteckt, am Ende steht immer der verantwortliche Redakteur, hier `pz` = Peter Zschunke, Dienstleiter Ausland.
Die abschließende *Datumszeile* ist jedem verständlich: `18.02.93 13.53`

Ein Blick hinter die Kulissen

Die Verbreitung von Nachrichten ist eine gewaltige Maschinerie. Geschickte Politiker machen sich diese Maschinerie immer wieder zunutze. Erfahrungen eines Nachrichtenredakteurs, der im Nebenberuf Agenturjournalist ist:

»Schon wieder so ein Fax« – begleitet von diesem Stoßseufzer landen im Agenturbüro fast täglich zahllose schriftliche Erzeugnisse im Papierkorb. Ein findiger Politiker wird sich aber von einer derartigen Behandlung seiner Botschaft nicht abschrecken lassen. Ihm stehen noch viele Methoden zu Gebote, die Hürde auf dem Weg in Presse und Rundfunk zu überwinden.
Er kann das Fax natürlich auch an die Zentralredaktion von dpa, AP, ddp, AFP oder Reuter schicken. Das Risiko, daß es dort »gespießt«, also beiseitegelegt wird, ist allerdings noch höher. Er kann aber auch Glück haben: Der überlastete Redakteur verzichtet auf die Rückfrage beim Außenbüro und erkennt selbst nicht, daß es sich um den zehnten Aufguß einer alten Idee handelt – er gibt sie auf Draht. Erfährt er später, daß er ausgetrickst wurde, ist dem Absender dieser Weg jedoch lange versperrt.

Eine eher plumpe Methode, die deshalb lieber dem Pressesprecher überlassen wird, ist ein *Anruf* bei der Außenstelle der Agentur. Ist das Fax schon angekommen? Sind noch weitere Informationen erwünscht? Soll diese wichtige Äußerung etwa verschwiegen werden? Von Schmeicheln bis Drohen reicht die Klaviatur des mehr oder weniger subtilen Drucks; wehe dem Journalisten, der ihr nicht von Anfang an widersteht.

Auch direkt an die Radiostationen werden Faxe versandt. Der Redakteur lokaler oder regionaler Nachrichtensendungen ist darüber oft froh, weil er auf solche Informationen angewiesen ist oder einen Zeitvorsprung gewinnt; dem überregional arbeitenden Kollegen ist es dagegen angesichts der Materialflut eher lästig, wenn die Filterfunktion der Agenturen umgangen wird.
Profis in den Pressestellen machen sich übrigens längst die Vorteile des zeitlichen Programmierens zunutze. Die Texte werden früh morgens oder in anderen nachrichtenarmen Zeiten abgesetzt und finden so mehr Aufmerksamkeit.

Pressekonferenzen: Erfolgversprechender als die Telekommunikation ist noch immer der direkte Kontakt zwischen Politiker und Journalist. Die Pressekonferenz ist eines der beliebtesten Mittel dazu.

Die Gründe sind klar: Nimmt sich ein Journalist die Zeit, zu einem Termin zu gehen, will er auch etwas absetzen. Außerdem wird über Pressekonferenzen von den konkurrierenden Agenturen berichtet – im Unterbewußtsein verstärkt dies beim Nachrichtenredakteur das Gefühl, es müsse sich um eine nennenswerte Veranstaltung gehandelt haben.

Vorhersehbare Termine, zu denen auch Staatsbesuche, die vorhergehenden Briefings, Ausschußsitzungen, Parteitage oder Festivals zählen, nehmen einen breiten Raum in der Produktion von Nachrichten ein. So wird das Material aus der Bundeshauptstadt weitgehend durch planbare Abläufe strukturiert:
- Montag und in der Regel Mittwoch um 14.30 Uhr, Freitag um 11.30 Uhr: Bundespressekonferenz mit dem Regierungssprecher und Sprechern der Ministerien
- Montag Sitzungen der Präsidien oder der Vorstände der Parteien – mittags oder nachmittags Pressekonferenzen
- In Sitzungswochen des Bundestags montags Sitzungen der Fraktionsvorstände und dienstags der Fraktionen
- Bundestagssitzungen Mittwoch mittag bis Freitag mittag
- Bundesratssitzungen ein- bis zweimal im Monat am Freitag
- Hinzu kommen Ausschußsitzungen, Arbeitskreise sowie Pressekonferenzen einzelner Abgeordneter und von zahlreichen Verbänden und Organisationen, die die große Präsenz von Politik und Presse während der Sitzungswoche nutzen wollen.

Auch außerhalb der Bundeshauptstadt und außerhalb der Politik gibt es viele unverrückbare Termine: die monatliche Bekanntgabe der Arbeitsmarktzahlen, die Ziehung der Lottozahlen, die Fußball-Bundesliga, das tägliche Dollar-Fixing, die Kundgebungen zum 1. Mai, die Ansprachen und der Segen »urbi et orbi« des Papstes zu Weihnachten und Ostern.

Die Vorhersehbarkeit macht es den Nachrichtenredaktionen leichter, sich personell und organisatorisch auf bestimmte »Spitzen« einzustellen. Dem stehen aber auch Nachteile gegenüber:

Man wird in der Arbeit eingeengt, da Erwartungen befriedigt werden müssen, und zur Routine verführt. Die »inszenierte Wirklichkeit« wird gefördert.

Im Hinblick auf nachrichtenrelevante Öffentlichkeitsarbeit steckt bisweilen eine Branche die Politiker noch in die Tasche: die Branche der Medien selbst. So dominierte der »Spiegel« lange Zeit konkurrenzlos die Radionachrichten an den Samstagen.
Diese Möglichkeit, bei der die Rundfunkjournalisten bewußt instrumentalisiert werden, entdecken zunehmend auch die Zeitungen. Dies kann beinahe groteske Züge annehmen: So verbreitete »Bild am Sonntag« bereits an einem Freitagabend per Fax an die Agenturen eine Exklusivmeldung (`Steuervorteile für Rotlicht-Bar?`) mit Sperrfrist für Samstagmorgen. Bei Erscheinen des Blattes am 7. Februar 1993 lag längst ein Dementi zu der Geschichte vor – es wurde einfach mit wenigen Zeilen an die unverändert abgedruckte Vorabmeldung angehängt. Ausgerechnet einer Rundfunkpressestelle verdanken wir das Beispiel, wie man sich mit der Unsitte zeitlich verfrühter Pressemitteilungen selbst ein Bein stellen kann: Ein Beitrag des Fernsehmagazins »Panorama« wurde am 15. Februar 1993 durch eine einstweilige Verfügung gestoppt; dieser Antrag wurde aber erst durch die vorab verbreitete Presseerklärung über den Inhalt möglich.

»Zeitungen, Magazine und Journalisten messen zunehmend ihren Erfolg daran, wie sehr sie mit ihrem Angebot selbst Gegenstand von Berichterstattung und Kommentierung, kurz der allgemeinen Aufmerksamkeit sind.«[1] Diese Beobachtung von Marlis Ebner trifft zwar nicht auf die Nachrichtenredaktionen der Rundfunksender zu. Dennoch: Es bleibt ihnen wohl nicht erspart, auch in den eigenen Häusern die Mechanismen der Nachrichtenproduktion kritisch unter die Lupe zu nehmen.

---

[1] Marlis Ebner, Schlägerei unter Komplizen, DIE WOCHE, 25.2.1993

Sperrfristen ignorieren?

Überspitzt könnte man sagen: Sperrfristen sind dazu da, ignoriert zu werden. Denn meistens dienen sie Interessen, die nicht mit denen der Nachrichtenredaktion identisch sind, und es gibt keinen überzeugenden Grund, sich diesen Interessen zu beugen.

Ausgenommen sind natürlich Fälle, in denen der Sinn des Sperrvermerks auf der Hand liegt: Wir können nicht über Reden berichten, die noch gar nicht gehalten wurden oder über die Freigabe eines Autobahnteilstücks, die noch gar nicht stattgefunden hat. In diesen Fällen heißt es also: Abwarten! Es könnte ja auch etwas schiefgehen.

Sperrfristen sind unmaßgeblich, wenn sie nur die Interessen der Zeitungen schützen sollen, z. B. wenn es heißt `Sperrfrist 24 Uhr` oder `Frei für Morgenausgaben`. Hier wird ein Teil der Medien gegenüber den anderen bevorzugt – eine sektorale Nachrichtensperre, die man nicht hinzunehmen braucht.
Das Gleiche gilt für Monatsberichte der Deutschen Bundesbank, Geschäftsberichte großer Unternehmen und Untersuchungsergebnisse der Wirtschaftsforschung, die oft mit Sperrfristen versehen werden, damit sie zunächst in die Hand eines privilegierten Adressatenkreises gelangen. Sind die bevorzugten Adressaten wichtiger als die breite Öffentlichkeit?

Auf falschverstandenes Eigeninteresse ist es zurückzuführen, wenn z. B. »Der Spiegel« oder auch Redaktionen elektronischer Medien Vorabmeldungen über Rechercheergebnisse oder Interviews erst zu einem bestimmten Zeitpunkt veröffentlicht haben wollen. Sind die Interviews nun so aufgenommen wie mitgeteilt oder nicht? Sind die Rechercheergebnisse so korrekt, oder gibt es noch Zweifel?
Vorabmeldungen über derartige Medienereignisse durch Sperrfrist zurückzuhalten ist für die betroffenen Redaktionen im übrigen geradezu kontraproduktiv. Denn die Vorabmeldung in den Radionachrichten könnte erhöhtes Interesse wecken und dazu führen, daß das jeweilige Publikationsorgan gekauft oder die Sendung eingeschaltet wird.

Auch die Nachrichtenagenturen scheinen vielfach stillschweigend davon auszugehen, daß Sperrfristen dazu da sind, ignoriert zu werden. Denn augenzwinkernd bringen sie manchmal den Vermerk `Sperrfrist - bereits durchbrochen`. **Sie liefern also die Sperrfrist und zugleich das Alibi für deren Mißachtung.**

Radionachrichten in Deutschland

Weimarer Republik

Urahn der Radionachrichten in Deutschland ist Hans Bredow. Als er am 17. November 1919 in der Berliner URANIA für ein »Schnellnachrichtenmittel« warb, reagierte die Öffentlichkeit skeptisch. Der »Berliner Regionalanzeiger« sprach von »Zukunftsperspektiven von Jules Vernescher Kühnheit«, die der Ministerialdirektor im Reichspostministerium entworfen habe.
Bredow wollte einen Funkdienst »für die Allgemeinheit« und erkannte auch die Möglichkeit des Mediums: »Die neue Einrichtung ermöglicht und bezweckt eine Verbreitung des Nachrichtenstoffes, wie sie keine gedruckte Zeitung erreichen wird«. Zugleich stellte er die Frage, »ob und in welcher Form eine öffentliche Prüfung des auszusendenden Nachrichtenstoffes vorgesehen werden soll?«
Das war 1922, also noch ein Jahr vor dem Start des Rundfunks in Deutschland am 29. Oktober 1923. Um den politischen Einfluß auf die Radionachrichten wurde zäh gerungen. Am Ende gewann das Reichsinnenministerium das Rennen. Es ersann eine, wie Winfried B. Lerg[1] schreibt, »listige Konstruktion«: die Dradag, die »Drahtloser Dienst Aktiengesellschaft«.

Die Dradag, 1923 gegründet, war von 1926 an die zentrale Nachrichtenstelle für die deutschen Rundfunksender und fest in der Hand der Reichsregierung. Nach persönlicher Fürsprache von Reichskanzler Marx wurde Dr. Josef Räuscher Chefredakteur der Dradag. Lerg schildert Räuscher als einen » in der Fachwelt anerkannten Nachrichtenmann«, meint aber auch, die Nachrichten des Drahtlosen Dienstes seien »politisch zuverlässig« gewesen und ihren »offiziösen Ruf« nie richtig losgeworden.
Räuscher selbst war nach eigener Darstellung ein Verfechter der objektiven Nachrichtengebung. »Intellektuell ist die objektive Nachricht nicht möglich, moralisch ist sie notwendig, und darin liegt kein Widerspruch, denn die Lösung liegt eben in der Feststellung eines Annäherungswertes. Die Rundfunknachricht entläßt den Hörer mit der Aufforderung zum selbständigen Urteil.«

Die 22 Dradag-Mitarbeiter (1932) hatten die Aufgabe, alle Rundfunkgesellschaften von Königsberg bis Köln meist per Fernschreiber mit Nachrichten zu versorgen, für die, so Räuscher, »ein gleichmäßiges Interesse in Deutschland vorauszusetzen« war.

Den Rundfunkgesellschaften war »die Auswahl, Kürzung und Reihenfolge anheimgestellt, jedoch nicht eine Ergänzung aus anderer Quelle oder eine Änderung des Sinnes.« Nur die Wirtschafts-, Lokal- und Sportnachrichten sowie das Wetter durften »aus naheliegenden Gründen der örtlichen Verschiedenheit« in den Funkhäusern bearbeitet werden.

Räuscher mußte 1932 gehen. Die Weimarer Republik war am Ende. Der Rundfunk sollte endgültig Staatsrundfunk werden. Im Auftrag des Innenministers löste der Berufsoffizier Walther Beumelburg die Dradag auf und richtete im Oktober 1932 bei der Reichs-Rundfunk-Gesellschaft eine Dienststelle »Der Drahtlose Dienst« (DDD) ein.

[1] Die Kapitel zur Weimarer Republik und zur NS-Zeit stützen sich auf Zeitdokumente sowie auf Arbeiten von Winfried B. Lerg und Ansgar Diller, vor allem in der fünfbändigen Reihe »Rundfunk in Deutschland«, Hrsg. Hans Bausch, München 1980.

NS-Zeit

Am 30. Januar 1933 schickte der Drahtlose Dienst folgende Nachricht an die Rundfunkgesellschaften:

```
Der Führer der Nationalsozialisten, Adolf Hit-
ler, ist soeben von dem Herrn Reichspräsiden-
ten zum Reichskanzler ernannt worden, aufgrund
einer längeren Besprechung, die der Reichsprä-
sident heute Vormittag mit Herrn Hitler sowie
Herrn Papen hatte ...
```

Der neue Reichsinnenminister Wilhelm Frick drohte sogleich den Journalisten, daß die Regierung nicht untätig sein werde, wenn »durch beunruhigende Nachrichten zu Ausschreitungen gehetzt« würde. War das noch eine Drohung, machte Propagandaminister Joseph Goebbels bald Ernst.

Im März 1933 verlangte Goebbels von den Intendanten der Rundfunkgesellschaften, die »Funkhäuser zu säubern, aufzuräumen, alles, was nicht hineinpaßt, allmählich auszuscheiden, dafür zu sorgen, daß hundertprozentig die ganzen Funkhäuser der nationalen Regierung dienen ... Ich halte den Rundfunk für das allermodernste und allerwichtigste Massenbeeinflussungsinstrument, das es überhaupt gibt.«

»Der Drahtlose Dienst« wurde dem Propagandaministerium unterstellt und zu einem »schlagkräftigen Instrument der Innen- und Außenpolitik des Dritten Reiches« ausgebaut (Diller). Der neue Chefredakteur, Hans Fritzsche, sah in den Nachrichten eine »Propagandawaffe«. Über die »Objektivität der Zeilenwaage« der Nachrichten der Weimarer Republik, ihre »blutleere Objektivität«, die nur das »Feigenblatt einer getarnten Tendenz« sei, äußerte er sich abfällig. »In Deutschland«, verkündete er, »ist die Grundlage, von der auch der Mann des Rundfunknachrichtendienstes ausgeht, die nationalsozialistische Idee.«

Wenige Stunden nach Kriegsausbruch am 1. September 1939 informierten Sondermeldungen über eine »Verordnung über außerordentliche Rundfunkmaßnahmen«: Wer Auslandsprogramme hörte, dem drohte die Todesstrafe. Bedenken des Justizministers, daß das »deutsche Volk das Vertrauen in die Richtigkeit deutscher Nachrichten« verlieren könnte, wischte Goebbels vom Tisch. Chefredakteur war inzwischen Walter Wilhelm Dittmar, der die Losung ausgab: »Die Sendungen sollen Wut entfachen, nicht den Verstand einer dünnen Schicht berühren.«

Bis zur letzten Minute versuchte Goebbels, den Rundfunk für den totalen Krieg einzuspannen. Noch 1945 plante er, die Nachrichtendienste zu »radikalisieren«, um die Widerstandskraft, die Kriegsanstrengungen und die Kampfmoral von Front und Heimat zu heben ...«. Der Sender Flensburg beendete erst am 13. Mai 1945 seine Tätigkeit.
Fritzsche, der zuletzt die Rundfunkabteilung im Propagandaministerium geleitet hatte, wurde vor den Nürnberger Gerichtshof gestellt. Doch die Richter – mit Ausnahme der Sowjets – folgten offenbar seiner Darstellung, ein »mißbrauchtes Werkzeug« gewesen zu sein. Er wurde freigesprochen. In der Urteilsverkün-

dung hieß es: »Manchmal verbreitete Fritzsche unwahre Nachrichten in seinen Rundfunkansprachen, aber der Beweis ist nicht erbracht worden, daß er wußte, daß sie falsch waren ...«

DDR

Nach dem Zweiten Weltkrieg wurden in der sowjetischen Besatzungszone zunächst Landessender gegründet. Doch mit den Ländern verschwanden 1952 auch die Landessender. Ein »Staatliches Komitee für Rundfunk beim Ministerrat der DDR« mit drei (später fünf) zentralen Sendern wurde gebildet. Sie hatten zunächst noch eigene Nachrichtenredaktionen, die aber als politisch unzuverlässig angesehen wurden.
Deshalb wurde 1969 eine »Zentrale Hauptabteilung Nachrichten« gegründet, um »eine einheitliche politische Leitung der Nachrichtengebung« zu sichern. Die Abteilung war zuständig für die Nachrichten der zentralen Programme (zuletzt Radio DDR 1 und 2, Stimme der DDR, Berliner Rundfunk und DT 64). Die Bezirkssender und -studios, die Radio DDR unterstanden, durften nur Regionalnachrichten schreiben.

SED-Generalsekretär, SED-Politbüro, Sekretär für Agitation und Propaganda im SED-Politbüro, Abteilung für Agitation und Propaganda im SED-Zentralkomitee, Vorsitzender des Staatlichen Rundfunkkomitees, Hauptabteilungsleiter Nachrichten, Redaktionsleiter, Dienstleiter – das war die Pyramide, die sich über jedem Nachrichtenredakteur auftürmte. Zweimal am Tag mußte er Anweisungen entgegennehmen, die jedoch »Argumentationshinweise« hießen. Dabei ging es meist um Details:
07.04.1989 Nicht führender Repräsentant sagen, sondern den Namen und den richtigen Titel nennen.
18.09.1989 Nicht von ehemaligen DDR-Bürgern sprechen, sondern von illegal Ausgereisten.
Außerdem klingelte mehrmals am Tag das Telefon – aus dem Zentralkomitee gab es Rüffel oder neue »Hinweise«. Und einmal in der Woche wurde die »politische Linie« vorgegeben, um das »einheitliche Vorgehen« der DDR-Medien zu sichern.

Eine Leitfunktion hatte ADN. Was die DDR-Nachrichtenagentur meldete, war Gesetz und durfte bestenfalls für den Hörfunk bearbeitet werden. Oft war ADN aber nicht wie angegeben die Quelle, sondern der Verbreitungskanal, denn viele Meldungen wurden direkt im ZK geschrieben, manchmal von Honecker selbst.

Neben Lenkung und Zensur gab es auch andere Möglichkeiten, devotes Verhalten zu fördern. So wandte sich im Dezember 1981 Rundfunkchef Becker mit einem besonderen Anliegen an den stellvertretenden Leiter der Agitationsabteilung, Eberhard Fensch: »Lieber Eberhard, beiliegend sende ich Dir ... eine Liste der Genossen, die sich zum Teil schon längere Zeit für den Kauf eines PKW angemeldet haben. Wenn es durch Eure Hilfe möglich wäre, in dem einen oder anderen Fall im Autohaus Berlin jetzt eine Realisierung der Anmeldung zu erreichen, wäre uns damit sehr geholfen.«

Chef der Hauptabteilung Nachrichten war fast 20 Jahre lang Manfred Klein. Er postulierte, die »Gegenwärtigkeit der Beschlüsse unserer Partei in jeder Minute« biete »die Sicherheit für unsere Arbeit«, gewährleiste »die richtige politische Entscheidung«.
Richtig war die Entscheidung dann, wenn sie im Zentralkomitee Wohlgefallen fand. Doch wer konnte schon sicher sein, ob die Beschlüsse in dieser Minute noch galten und ob auch alle Funktionäre das so sahen? Klein verlangte von den Redakteuren, »nicht nur die Ereignislage objektiv, in marxistisch-leninistischer Sicht« zu interpretieren, sondern »eine Zuordnung der Fakten, eine Betonung« vorzunehmen, »die das politische Anliegen verdeutlicht«.
In diesem Sinne galt folgende Meldung vom 27. März 1986 als beispielhaft, weil sie angeblich die »Einheit von Wirtschafts- und Sozialpolitik der SED« veranschaulichte:

```
Schwerin/Schwedt - Das Klement-Gottwald-Werk
Schwerin hat heute ein hochproduktives Inve-
stitions-Vorhaben drei Monate vorfristig in Be-
trieb genommen. Bei diesem Objekt zu Ehren des
11. Parteitages der SED handelt es sich um eine
neue Montagehalle für Schiffskräne, die ge-
```

genüber den bisherigen Modellen doppelt so stark sind. Da bereits während der Bauarbeiten mit der Produktion begonnen wurde, steht nunmehr der achte Kran der neuen Serie vor der Auslieferung. Mit einem Hebevermögen von 25 Tonnen kann er Container vom Schiff aus bewegen und entspricht damit einem internationalen Trend. Auf einem Meeting brachten Werktätige des Klement-Gottwald-Werkes gegenüber dem Mitglied des Politbüros des ZK der SED, Erich Mückenberger, ihren Willen zum Ausdruck, mit guten Leistungen dazu beizutragen, daß die aufgewandten Mittel für das Rationalisierungsobjekt schnell zurückfließen. Erich Mückenberger lobte die zuverlässige Arbeit des Schweriner Werkes als Zulieferer für die Werftindustrie. Die Belegschaft werde so zugleich ihrer Verantwortung gegenüber der Sowjetunion gerecht, die mit ihren Großaufträgen eine dynamische Entwicklung des DDR-Schiffbaus ermöglicht. – Das Petrolchemische Kombinat Schwedt erhielt heute eine neue Betriebs-Poliklinik. Bei der Einweihung sagte Gesundheitsminister Mecklinger, dieses Parteitagsvorhaben zeige, wie in der DDR die Politik der Hauptaufgabe in ihrer Einheit von Wirtschafts- und Sozialpolitik konsequent fortgeführt wird. Die neue Einrichtung besitzt neben verschiedenen Facharzt-Abteilungen auch eine Apotheke, eine Sauna und eine Röntgen-Station sowie einen speziellen Trakt für dringende medizinische Hilfe.

Die wahre Wirkung dieser Nachrichten auf die Bevölkerung beschreibt der Hallenser Psychologe Hans-Joachim Maaz: »DDR-Nachrichten waren verpönt: Informationen aus dem eigenen Land wurden nur zugelassen, wenn es um existentielle Mitteilungen oder den Wetterbericht ging.«

---

[1] Die Zitate dieses Kapitels sind Publikationen der DDR-Journalistikwissenschaft sowie Akten des DDR-Rundfunks entnommen, die der Autor 1990 eingesehen hat.

Bundesrepublik Deutschland

Als britische Einheiten am 4. Mai 1945 das Funkhaus an der Rothenbaumchausee besetzten, fanden sie von den Programm-Mitarbeitern des »Reichssenders Hamburg« nur noch einen Musikredakteur vor. Mit der Stationsansage:
```
Here is Radio Hamburg, a station of the Allied
Military Government
```
wurde der Sendebetrieb dennoch am selben Abend wieder aufgenommen. Überall in Deutschland übernahmen in den nächsten Tagen und Wochen Presseoffiziere der Alliierten die Funkhäuser. Die »Controler« bei Radio Hamburg waren zumeist erfahrene BBC-Redakteure. Aus dem Stand heraus improvisierten sie ein tägliches Fünf-Stunden-Programm mit viel Musik.

Nach und nach trafen deutsche Journalisten in der Hansestadt ein, die die Briten für Radio Hamburg angeworben hatten. Emigranten hatten für deren politisch makellose Vergangenheit gebürgt. Auch wenn die Redakteure jedes Manuskript vor der Sendung vorlegen und von einem Presseoffizier abzeichnen lassen mußten, war das politische Klima bei Radio Hamburg liberal: Demokratie wurde auch in den Redaktionen eingeübt.

Von Juni 1945 an wurden zunächst einmal, dann fünfmal täglich Nachrichten gesendet. Damit die Meldungen mitgeschrieben und weiterverbreitet werden konnten, wurden die Sendungen einmal langsam und einmal in normalem Tempo verlesen. Hier eine Meldung vom 26. Juni 1945:
```
Deutschland - Mehrere Eisenbahnzüge mit Le-
bensmitteln, die für die Bevölkerung des Ruhr-
gebietes bestimmt sind, trafen aus Antwerpen in
Essen ein. Die Lebensmittel werden nicht sofort
verteilt, sondern eingelagert, um bei einer Zu-
spitzung der Ernährungslage als Reserve zu die-
nen.
```

Peter von Zahn erinnert sich an die Anfänge bei Radio Hamburg: »In Mr. Fletcher hatten die jungen deutschen Nachrichtenredakteure einen gestrengen Lehrmeister. Das deutsche Erbübel, die Vermischung von Nachricht und Meinung, bekämpfte er mit Zähnen und Klauen. Er wies seinen Schützlingen nach, wieviel Meinung und Vorurteil in einem harmlos klingenden Adjektiv stecken kann.«[1]

Die Amerikaner bauten im Herbst 1945 bei Radio Frankfurt eine Nachrichtenredaktion mit deutschen Mitarbeitern für alle US-kontrollierten Sender auf. Der Rundfunk im amerikanischen Sektor in Berlin, RIAS, nahm im Februar 1946 (noch als DIAS) seine Sendungen auf. Er war über 40 Jahre die »freie Stimme der freien Welt«.

Die ersten öffentlich-rechtlichen Rundfunkanstalten wurden 1948/49 gegründet: der NWDR (britische Zone), der Hessische, Süddeutsche und Bayerische Rundfunk sowie Radio Bremen (amerikanische Zone) und der Südwestfunk (französische Zone). 1954 nahm der Sender Freies Berlin seinen Betrieb auf, 1959 kam nach der Rückgliederung des Saarlandes der Saarländische Rundfunk dazu.

Am 1. Januar 1962 startete der Deutschlandfunk, der ein »umfassendes Bild Deutschlands« vermitteln sollte. Dazu dienten von Anfang an stündliche Nachrichten rund um die Uhr. Eine besondere Verpflichtung sah der DLF darin, »die Deutschen jenseits der Demarkationslinien« teilnehmen zu lassen am öffentlichen Leben in der Bundesrepublik, und »die Deutschen in der Bundesrepublik« über das Geschehen im kommunistisch beherrschten Teil unseres Vaterlandes zu unterrichten.[2]
Schon seit dem 3. Mai 1953 sendete aus Köln die Deutsche Welle, der deutsche Auslandssender. Er ist mit der BBC oder der Voice of America vergleichbar. Nachrichten stehen im Angebot der DW eindeutig im Vordergrund, heute werden täglich rund 120 Nachrichtensendungen produziert und in mehr als 40 Fremdsprachen ausgestrahlt.

Von den sechziger Jahren an setzte sich in den Rundfunkanstalten das Stundenraster der Nachrichten durch, zuerst in den Servicewellen. Damit sollte der Fernsehkonkurrenz, der Institution Tagesschau, etwas entgegengesetzt werden. Mit stündlich aktualisierten Meldungen wurde der Hörfunk zu dem Nachrichtenmedium schlechthin.

Ein Problem der täglichen Redaktionsarbeit wurde Anfang der 70er Jahre Gegenstand einer heftigen internen und öffentlichen Diskussion: Die Nachrichten seien für etwa die Hälfte der Zuhörer unverständlich, lautete der Vorwurf. Bundespräsident Heinemann monierte einen übermäßigen Gebrauch von Fremdwörtern in den Meldungen von Hörfunk und Fernsehen. Er forderte, die »für eine Demokratie gefährliche Sprachkluft zwischen den gebildeten Schichten und der sogenannten breiten Masse der Bevölkerung müsse überwunden werden«.

Kritisiert wurde gleichzeitig ein angeblich übertriebener Personenkult: Politikeräußerungen werde ein zu hoher Stellenwert eingeräumt; Fakten und Zusammenhänge würden dagegen zu wenig berücksichtigt. Der Hessische Rundfunk sendete erstmals spezielle »Nachrichten mit Hintergrund«. Auch die gleichzeitig vom Saarländischen Rundfunk eingeführten O-Ton-Nachrichten sollten dem Hörer zusätzliche Erläuterungen geben. Man sei im Laufe der Jahre sowohl inhaltlich als auch formal vom »Verkündigungsstil« weggekommen, stellte Bernd-Peter Arnold, ehemals Nachrichtenchef des HR, rückblickend fest[3].

Der Wechsel zum dualen System, dem Nebeneinander von öffentlich-rechtlichen und kommerziellen, ausschließlich durch Werbung finanzierten Anbietern, wurde 1985 mit der Zulassung der ersten Privatradiostationen vollzogen.

Neuerungen bei den Privaten wie zum Beispiel die Unterlegung der Nachrichten mit Musik, der Einsatz von akustischen »Trennern« oder die gezielte Verwendung von bunten Meldungen als »Appetitmacher« erwiesen sich als marginal. Sowohl formal (Halb- bzw. Stundenrhythmus) als auch inhaltlich (grundsätzlicher Vorrang von politischen und wirtschaftspolitischen Themen gegenüber Vermischtem und Sport) näherten sich die Privaten rasch dem Konzept der öffentlich-rechtlichen Anstalten an und bestätigten es.

[1] Peter von Zahn, Stimme der ersten Stunde, Stuttgart 1991
[2] Hanns Gorschenek, Nachrichten im Hörfunk, Köln 1968
[3] Bernd-Peter Arnold, Referat bei »ARD im Gespräch« am 2./3. 12. 1976 in Frankfurt, abgedruckt in : TV-Courier Nr. 39/40 vom 20. 12. 1976, S. 10

Nachrichtenradios

»Unerträgliche Nachrichtenschleife«, »akustischer Fleischwolf«, »Schnellsprechradio« höhnten Medienkritiker. Und verstörte Hörer fragten an, ob man dem Sender die Musik weggenommen habe.
Inzwischen hat sich die Aufregung gelegt. Die Kritiker verstummen und die Hörer nutzen zunehmend, was als letzte große Radio-Innovation des 20. Jahrhunderts gerühmt wird: das Nachrichtenradio.

All News Stations wurden Anfang der 60er Jahre in den USA erdacht und gehören in den großen Städten zu den Marktführern. 2,5 Millionen New Yorker hören morgens »WINS«. Und in Frankreich gilt »France Info«, seit 1987 im Äther, als Wunderkind.

Das Erfolgsrezept, das inzwischen auch von den deutschen Nachrichtenstationen übernommen wurde, ist einfach: Informationen nonstop. Der Hörer, auf der Suche nach Neuem, ist nicht mehr gefesselt an die Programmabfolge. Das Nachrichtenradio ist immer für ihn da. Er schaltet – wann auch immer – ein, informiert sich und schaltet wieder um oder ab.

Nachwort: Bedenkenswerte Kritik

Sowohl die Form der Nachrichten als auch die Nachrichtenauswahl werden immer wieder grundsätzlich kritisiert. Am weitesten geht dabei die Kritik, die bei der Frage ansetzt, ob es den Medien überhaupt möglich ist, die Wirklichkeit wiederzugeben, ob nicht vielmehr die Medien selbst ihre eigene Wirklichkeit schaffen.[1] Auf die Nachrichten gemünzt, lautet der Vorwurf, vielfach werde die Realität verfehlt, weil die Nachrichten zwangsläufig alle Vorgänge auf »Chiffren und Symbole« reduzierten.[2] Zum Teil trifft das zweifellos zu:

»Reduktion von Komplexität« ist bei vielen Sachverhalten unvermeidlich, wenn sie in einer knappen Meldung mitgeteilt werden sollen. Es fragt sich dabei nur, ob diese Reduktion zulässig ist oder nicht. Vereinfachung heißt ja nicht automatisch Verfälschung. Außerdem gibt es genug eindimensionale Ereignisse, die gar keiner Vereinfachung bedürfen (wobei wiederum davor zu warnen ist, daß der Redakteur solche Ereignisse gerade wegen ihrer Einfachheit ungebührlich bevorzugt).
Im übrigen sind Nachrichten im Radioprogramm nicht die einzige journalistische Darstellungsform. Berichte, Reportagen, Interviews, Features und Kommentare – also komplementäre Programmelemente – können all das einbeziehen, was in den Nachrichten keinen Platz findet.

Wirklichkeitsverfälschung wird den Nachrichten auch deshalb vorgeworfen, weil sie immer wieder auf dieselben Schablonen zurückgreifen, um die Ereignisse zu erfassen und darzustellen. Der Duisburger Germanist Ulrich Schmitz hat das bei der »Tagesschau« analysiert, es gilt aber genauso für die Radionachrichten: »Politiker besuchen einander, Verhandlungen werden geführt oder platzen, Konfliktherde schwelen, Bomben gehen hoch, Flugzeuge stürzen ab, Wechselkurse schwanken und zum Schluß etwas Erfrischendes aus Sport und Kultur.«[3]
Jede Sendung ein »neues Spiel mit alten Karten«: Wiederholung des immer Gleichen – thematisch, formal, sprachlich. Stereotypie als Darstellungsprinzip? Schlimm, wenn es so wäre. Neue Dinge erfordern neue Worte. Nachrichten müssen lebendig blei-

ben, können sich nicht auf das Vordergründige beschränken, dürfen keinesfalls in Formelhaftigkeit erstarren (siehe auch Beitrag »Nicht immer die alten Phrasen«).

Scherbenwelt? Ein anderer Vorwurf lautet, die Nachrichten hätten deshalb nichts mit der Realität zu tun, weil sie immer nur Bruchstücke der Wirklichkeit enthielten. Hans Magnus Enzensberger sprach schon in den fünfziger Jahren von der »Scherbenwelt«. Wolf Schneider kritisiert den »Fetzenjournalismus«. Dem ist entgegenzuhalten, daß Bruchstücke auch Mosaiksteine sein können. Schließlich stehen die meisten Nachrichten in einem größeren Zusammenhang, sie knüpfen an bekannte Tatsachen an, sie ergänzen das Wissen des Hörers über längerfristige Vorgänge. Medienforscher sprechen vom »Nachrichtenkontinuum«.

Are bad news good news? Auf die Nachrichtenauswahl zielt auch der Vorwurf, die Nachrichten enthielten zuviel Negatives und zu wenig Positives. Dieser Einwand ist größtenteils unbegründet. Gerade hier läßt sich nämlich zeigen, wie Nachrichtenauswahl funktioniert. Journalistisch interessant ist nur das, was anders ist als die tausendfach erlebte Normalität. »News is what's different« – so lautet das ungeschriebene Gesetz. Im Flugverkehr beispielsweise sind nicht die zahllosen glatten Starts und Landungen meldenswert, sondern nur die wenigen Fälle, in denen etwas schiefgeht. Kein Wunder also, wenn oberflächlich der Eindruck der Negativität entsteht. (siehe auch Beitrag »Nur Negatives?«)
Außerdem ist nicht selten auch die Normalität des Flugverkehrs Gegenstand der Berichterstattung – und zwar immer dann, wenn es etwas Neues gibt: neue Techniken, neue Unternehmen, neue Flughäfen, Zunahme oder Rückgang der Passagierzahlen ... Nachrichten bringen das Interessante und das Neue – niemand behauptet, daß sie *alles* brächten.

Sloterdijks Relativitätstheorie. Den Vorwurf, daß Nachrichten Wichtiges und Banales unverbunden nebeneinander stellen und somit alles relativieren, hat besonders treffend der Karlsruher Philosoph Peter Sloterdijk formuliert:
»Eine ungeheure Gleichzeitigkeit spannt sich in unserem infor-

mierten Bewußtsein aus: Hier wird gegessen; dort wird gestorben. Hier wird gefoltert; dort trennen sich prominente Liebende. Hier geht es um den Zweitwagen; dort um eine landesweite Dürrekatastrophe. Hier gibt es Tips zur Abschreibung nach § 7 b; dort die Wirtschaftstheorie der Chicago-Boys. Hier toben Tausende im Popkonzert; dort liegt jahrelang eine Tote unentdeckt in ihrer Wohnung. Hier werden die Nobelpreise für Chemie, Physik und Frieden verliehen; dort weiß nur jeder Zweite den Namen des Bundespräsidenten ... Such is life. Als Nachricht ist alles verfügbar. Was Vordergrund ist, was Hintergrund: was wichtig, was unwichtig: was trennt, was Episode: alles reiht sich in eine gleichförmige Linie, worin Gleichförmigkeit auch Gleichwertigkeit und Gleichgültigkeit erzeugt.«[4]

Hier wird eine Seite des Nachrichtengeschäfts zu Recht problematisiert: zusammenhangloses Nebeneinander als Ausdruck eines spezifisch journalistischen Zynismus. Dennoch verkennt Sloterdijk wichtige Tatsachen. Mitteilungen in Massenmedien sind zwangsläufig breit gestreut, weil sie sich nicht an einen bestimmten Einzelnen richten (wie im Privatgespräch), sondern an ein sehr heterogenes Publikum. Aus dem Bauchladen des Informationsangebotes nimmt sich jeder etwas anderes heraus. Niemand muß alles schlucken.

Ernstzunehmen ist eher die Gefahr der Abstumpfung. Einen Umweltskandal, eine politische Affäre gibt es immer, und es kann sein, daß die Berichte darüber das Publikum gar nicht mehr erschüttern.

Andererseits darf man auf die selektive Wahrnehmung des Menschen vertrauen. Nach dem Medienexperten Gerhard Maletzke hat die Sozialforschung klar herausgearbeitet, daß derjenige, »der sich Fernsehsendungen ansieht oder Radio hört ..., nicht etwa ein rein passives, alles in sich hineinfressendes Wesen ist, sondern daß er an die Medien – wie an seine gesamte Umwelt überhaupt – aktiv und selektiv herangeht; er beachtet das, was ihm etwas bedeutet, was ihn anspricht, und er läßt anderes unbeachtet.«[5]

Immer mehr Belangloses? Grundsätzliche Kritik am Nachrichtenwesen übt auch der amerikanische Medienforscher Neil Postman (»Wir amüsieren uns zu Tode«, »Wir informieren uns zu

Tode«). Er argumentiert, die Berichterstattung sei allgemein zu sehr von Belanglosem geprägt, ein rationaler Diskurs finde nicht mehr statt. Die Hauptursache dafür sieht er in den modernen nachrichtentechnischen Übermittlungsmethoden:
»Die Information ..., den Stoff, aus dem die sogenannten Tagesnachrichten bestehen, gab es nicht ... in einer Welt, in der es die Medien nicht gab, die sie hätten vermitteln können ... Erst der Telegraph machte es möglich, aus dem Zusammenhang gerissene Informationen ... über riesige Entfernungen zu transportieren.«[6]
Eine schlimme Folge der Überflutung mit belanglosen Nachrichten ist laut Postman beim Bürger ein zunehmendes Gefühl der Ohnmacht. Die Nachrichten – so glaubt er – sind keine funktionalen Informationen mehr, der Einzelne kann sich in seinem Handeln nicht mehr nach ihnen richten. Ein Einwand, der in seiner Pauschalität nicht hingenommen werden kann. Schließlich gibt es in der Welt nicht nur eine nachrichtentechnische, sondern auch eine politische, wirtschaftliche und kulturelle Vernetzung. Trotzdem bleiben die Überlegungen von Postman bedenkenswert. Und jede Redaktion muß täglich ihre eigene Antwort darauf finden.

[1] Günter Anders, Die Antiquiertheit des Menschen, München 1980, Bd. 1, S. 191
Winfried Schulz, Die Konstruktion von Realität in den NAchrichtenmedien, Freiburg/München 1976
[2] Ralf Weiß, Programmstrukturen im dualen Hörfunksystem. In: Media-Perspektiven 6/89, S. 48
[3] Ulrich Schmitz, Das täglich neue Spiel mit alten Karten ..., Frankfurter Rundschau, 02./03.08.1989
[4] Peter Sloterdijk, Kritik der zynischen Vernunft, Frankfurt 1983, Band 2, S. 563 ff
[5] Gerhard Maletzke, Kulturverfall durch Fernsehen, 1987
[6] Neil Postman, Wir amüsieren uns zu Tode, Hamburg 1985, S. 16 und S. 85 ff

Kommentierte Literaturauswahl

1. Nachrichten

Arnold, Bernd-Peter, Hörfunk-Information – Hinter den Kulissen des schnellsten Mediums, Opladen 1981. Sie hören Nachrichten – Schlüssel zur Information, Frankfurt ohne Jahr. *Arnold berichtet über seine Erfahrungen, die er als ehemaliger Nachrichtenchef des Hessischen Rundfunks gesammelt hat.*

Barqstedt, Peter und Weiß, Ralph, Die Morgennachrichten im Hörfunk, Hamburg 1987. *Die vom Hans-Bredow-Institut veröffentlichte Untersuchung beschäftigt sich vor allem mit der Frage, wie Nachrichten ausgewählt werden.*

Buchholz, Axel, »Klassische Nachrichten« in der Defensive. Der O-Ton-Nachrichtentrend aus der Sicht eines Praktikers. In: Bucher/Klinger/Schröter (Hrsg.), Perspektiven der Hörfunkforschung, Baden-Baden 1993. *Abwägende Erörterung der Nachrichtenformen. Vorsichtiges Plädoyer für die O-Ton-Nachrichten.*

Emmerich, Andreas, Nachrichtenfaktoren: Die Bausteine der Sensationen, Saarbrücken 1984. *Der Autor kommt zu dem Ergebnis, daß der innere »Nachrichtenwert« der Ereignisse für die Auswahlentscheidungen des Redakteurs wichtiger ist als dessen persönliche Einstellung.*

Fleischmann, Michael, Die politische Bedeutung von Radionachrichten, Diplomarbeit, Universität Hannover 1992. *Fleischmann hat internationale Forschungsergebnisse über Radionachrichten zusammengetragen.*

Gorschenek, Hanns, Rundfunknachrichten – heute und morgen, Köln 1977. *In der Diskussion der letzten Jahrzehnte die erste größere Darstellung der Nachrichtenarbeit aus der Sicht eines Praktikers.*

Hruska, Verena, Die Zeitungsnachricht. Information hat Vorrang, München 1993. *Praxisbezogene Einführung in das* Handwerk des Nachrichtenschreibens. *Leitlinie für die Nachrichtensprache: einfach und eindeutig.*

Jarras, Hans D., Der rechtliche Rahmen für die Arbeit des Nachrichtenredakteurs. In: Rundfunk und Fernsehen, 3/1980, S. 309-321. *Hilfreiche juristische Anleitung für die Redaktionspraxis.*

Köhler, Anne, Nachrichten im Hörfunk. Gibt es Alternativen? In: Media-Perspektiven 11/1986. *Aufgrund empirischer Untersuchungen legt die Autorin dar, daß die Nachrichten weiterhin das wichtigste Informationsangebot im Hörfunk darstellen. Sie plädiert für vorsichtige Reformen – unter Wahrung der Seriosität.*

Richter, Wolf-Jürgen, Nachrichten im Hörfunk, Stuttgart 1993. *Ein Leitfaden der Nachrichtenredaktion des Süddeutschen Rundfunks.*

Ruhrmann, Georg, Rezipient und Nachricht, Opladen 1989. *Ruhrmann hat die Wirkung von Fernsehnachrichten untersucht. Seine Ergebnisse, die auch für Radionachrichten gelten, haben durchaus praktischen Wert.*

Schulz, Winfried, Die Konstruktion von Realität in den Nachrichtenmedien, Freiburg, München 1990. *Schulz hat die Gültigkeit von Nachrichtenwerten untersucht und kommt zu dem Schluß, daß die Nachrichtenmedien eine eigene Wirklichkeit schaffen.*

Staab, Joachim Friedrich, Nachrichtenwerttheorie. Formale Struktur und empirischer Gehalt, Freiburg, München 1990. *Staab gibt eine Übersicht über die internationale Nachrichtenforschung.*

Straßner, Erich (Hrsg.), Nachrichten – Entwicklungen, Analysen, Erfahrungen, München 1975. *Ein Standardwerk mit soziolinguistischem Ansatz. Viele Beiträge von Praktikern.*

Vitt, Walter (Hrsg.), Nachrichten im WDR. Ein Ausbildungsbrevier, Köln 1992. *Eine kurzgefaßte Schrift über Arbeitsweise, Struktur, Quellen und Selbstverständnis der WDR-Nachrichtenredaktion.*

Weischenberg, Siegfried, Nachrichtenschreiben, Opladen 1988. *Die Botschaft dieses Buches: Nachrichtenschreiben ist in erster Linie ein Handwerk. Die Regeln werden dazugeliefert.*

2. Mediensprache

Deutsche Akademie für Sprache und Dichtung (Bearb. Brigitta Mogge), Der öffentliche Sprachgebrauch, Band 1, Die Sprachnormdiskussion in Presse, Hörfunk und Fernsehen, Stuttgart 1980. *Ein Sammelband mit lesenswerten Beiträgen zur Kritik an der Mediensprache.*

Eppler, Erhard, Kavalleriepferde beim Hornsignal – Die Krise der Politik im Spiegel der Sprache, Frankfurt/Main 1992. *Scharfe Kritik der Politikersprache. Insbesondere geißelt Eppler Sprachschablonen und Verharmlosungen (die »Sprache des verwalteten Risikos«).*

Häusermann, Jürg/Käppeli, Heiner, Rhetorik für Radio und Fernsehen, Aarau, Frankfurt am Main 1982. *Die Autoren formulieren anhand von Beispielen einige Regeln, die das Schreiben von radio- und fernsehgerechten Texten erleichtern.*

Janovsky, Ullrich: Entwicklungstendenzen der Textsorte Rundfunknachrichten seit den siebziger Jahren. Magisterarbeit an der Gesamthochschule Kassel, 1993. *Der Autor vergleicht Nachrichten von RIAS und HR aus dem Jahr 1970 mit solchen desselben Zeitraums im Jahr 1993 hinsichtlich der Einhaltung von Verständlichkeitsregeln. Sein Ergebnis: Es hat sich nur wenig geändert.*

Lutz, Benedikt und Wodak, Ruth, Information für Informierte, Wien 1987. *Eine sehr interessante Untersuchung zur Verständlichkeit und zum Verstehen von Radionachrichten.*

Mackensen, Lutz, Gutes Deutsch in Schrift und Rede, Gütersloh 1964. *Eine umfassende Stillehre.*

Metz, Wolfram, Die Sprache der Hörfunknachrichten: Beobachtungen zur formalen Struktur und Verständlichkeit am Beispiel des Südwestfunks (1967-1990), Diplomarbeit. *Metz listet praktisch alle sprachlichen Unzulänglichkeiten der täglichen Redaktionsarbeit auf.*

Möller, Georg, Praktische Stillehre, Leipzig 1970. *Der Autor zeigt Wege zu einer stilistisch verbesserten »Gebrauchssprache in Wirtschaft, Wissenschaft und Verwaltung«.*

Pöppel, Ernst, Grenzen des Bewußtseins, Stuttgart 1980. *Warum schrieben Goethe und Shakespeare kurze Sätze? Die Antwort ist in diesem spannenden Buch zu finden.*

Reiners, Ludwig, Stilfibel, München 1990. *Ein Klassiker, der die häufigsten Sünden gegen den guten Stil aufzeigt und sagt, wie wir klarer und verständlicher schreiben können.*

Schneider, Wolf, Deutsch für Profis, Hamburg 1982. *Mit Bosheit, aber auch mit Witz zieht Schneider gegen den täglichen Sprachunsinn in den Medien zu Felde. Lesenswert sind auch seine Bücher »Wörter machen Leute«, München 1976, »Unsere tägliche Desinformation, Hamburg 1984« und »Deutsch für Kenner«, Hamburg 1987.*

Sternberger, Dolf, Storz, Gerhard und Süskind, W. E., Aus dem Wörterbuch des Unmenschen. Neue erweiterte Ausgabe, Frankfurt/Main, Berlin 1986. *Eine klassische Analyse des inhumanen Sprachgebrauchs. Kultbuch der Sprachkritik.*

Zimmer, Dieter E., Redens Arten, Über Trends und Tollheiten im neudeutschen Sprachgebrauch, Zürich 1986. *Eine amüsante und hilfreiche Sprachkritik.*

3. Medien

Arnold, Bernd-Peter, ABC des Hörfunks, München 1991. *Eine praxisnahe Einführung in den Radiojournalismus.*

Arnold, Bernd-Peter und Verres, Hans, Radio. Macher, Mechanismen, Mission, München 1989. *Geschichte und Zukunftsperspektiven des Hörfunks. Im Kapitel Nachrichten auch Hinweis auf Gefahr der Simplifikation.*

Basse, Dieter, Wolff's Telegraphisches Bureau 1849-1933, München 1991. *Die Geschichte des WTB ist zugleich eine Geschichte unterdrückter Pressefreiheit in Deutschland.*

Bausch, Hans (Hrsg.), Rundfunk in Deutschland, 5 Bände, München 1980. *Ein Standardwerk der Rundfunkgeschichte.*

Bentele, Günter und Ruoff, Robert (Hrsg.), Wie objektiv sind unsere Medien?, Frankfurt/Main 1982. *Das Bändchen zeigt, wie unterschiedlich der Objektivitätsbegriff interpretiert werden kann.*

Berg, Klaus und Kiefer, Marie Luise, Massenkommunikation IV, Baden-Baden 1992. *Berg und Kiefer untersuchen seit 1964 die Mediennutzung und -bewertung in Deutschland.*

Blöbaum, Bernd, Nachrichtenagenturen in den Nord-Süd-Beziehungen, Berlin 1983. *Die Forderung der Dritten Welt nach einer »neuen Weltnachrichtenordnung« steht im Mittelpunkt dieses Buches.*

Dovifat, Emil und Wilke, Jürgen, Zeitungslehre, Berlin 1976. *Ein Klassiker der Publizistikwissenschaft.*

Haas, Michael H., Frigge, Uwe, Zimmer, Gert, Radio-Management. Ein Handbuch für Radio-Journalisten, München 1991. *Eine praktische Anleitung, wie man ein privates Radioprogramm aufzieht. Im Nachrichtenteil oberflächlich.*

Höhne, Hansjoachim, Report über Nachrichten-Agenturen, Baden-Baden 1984. *Das Buch gibt einen Überblick über Geschichte und Rolle der Agenturen als weltweit wichtigste Nachrichtenvermittler.*

Kepplinger, Hans Mathias, Die aktuelle Berichterstattung des Hörfunks, Freiburg/München 1985. *In der Untersuchung, die sich stark auf Nachrichten bezieht, wird der Vorwurf erhoben, die Hörfunkberichterstattung entspreche nicht den journalistischen Standards und sei einseitig. Methodisch ist die Arbeit sehr fragwürdig.*

La Roche, Walther von, Einführung in den praktischen Journalismus. Mit genauer Beschreibung aller Ausbildungswege, München 1985. *Pflichtlektüre für jeden, der Journalist werden will.*

La Roche, Walther von, und Buchholz, Axel, Radio-Journalismus. Ein Handbuch für Ausbildung und Praxis im Hörfunk. München und Leipzig 1993. *Standardwerk für die Arbeit im Funk.*

Mathes, Rainer, Programmstruktur und Informationsangebote

privater Hörfunksender in Baden-Württemberg, Stuttgart 1990. *Mathes zeigt, daß die stündlichen Nachrichten auch beim Privatradio das Rückgrat des Informationsangebotes bilden und sich insgesamt in »tradierten Bahnen« bewegen.*

Meyer, Werner und Frohner, Jürgen (Hrsg.), Journalismus von heute, Percha 1979. *Ein praxisnahes Lehrbuch, vor allem für die Arbeit der Zeitung.*

Postman, Neil, Wir amüsieren uns zu Tode, Hamburg 1985. *Eine kulturkritische Auseinandersetzung mit den modernen Medien. Hauptthese: Die Unterhaltung dominiert, ein rationaler Diskurs findet nicht mehr statt.*

Pürer, Heinz (Hrsg.), Praktischer Journalismus in Zeitung, Radio und Fernsehen, München 1991. *Ein Sammelband mit übersichtlicher Darstellung der journalistischen Arbeitstechniken und Ausdrucksformen.*

Wilke, Jürgen (Hrsg.), Agenturen im Nachrichtenmarkt, Köln, Weimar, Wien 1993. *Ein Sammelband mit Untersuchungen über Reuters, AFP, mehrere Spezialagenturen sowie Nachrichtenagenturen in der Dritten Welt.*

Wilke, Jürgen und Rosenberger, Bernhard, Die Nachrichtenmacher, Köln, Weimar, Wien 1991. *Eine Untersuchung zu Strukturen und Arbeitsweisen von Nachrichtenagenturen am Beispiel von AP und dpa.*

(Zusammengestellt von Jürgen Horsch, Josef Ohler und Dietz Schwiesau)

Autoren

GERALD BAARS, Leiter WDR-Radio Dortmund. Geboren 1953 in Wolfenbüttel, Diplomingenieur, seit 1976 beim WDR: Volontariat, Hörfunk- und Fernsehredakteur, Leiter des WDR-Lokalfernsehens Dortmund. *Lokalnachrichten*

GERD BACHMANN, Chef vom Dienst in der Nachrichtenredaktion des Bayerischen Rundfunks. Geboren 1937 in Leipzig, Journalistikstudium, 30 Jahre bei Zeitungsredaktionen, u.a. stellvertretender Chefredakteur beim »Münchner Merkur«, seit 1982 beim Bayerischen Rundfunk. *Sport in den Nachrichten*

RUDOLF FEST, über 20 Jahre Leiter der Nachrichtenredaktion des Süddeutschen Rundfunks, jetzt im Ruhestand. Geboren 1924 in Duisburg, russische Gefangenschaft, Journalistenschule Aachen, von 1948 bis 1988 beim Süddeutschen Rundfunk. *Ausgewogenheit heißt: alle Aspekte*

NORBERT GUTENBERG, Sprecherzieher. Geboren 1951 in Völklingen/Saar, Studium in Saarbrücken, Erlangen und Berlin, Magister 1976, Dr. phil., Dr. habil. 1993 in Halle. Publikationen: Grundlagen von Sprechwissenschaft und Sprecherziehung, Medienrhetorik. Arbeit in der Fortbildung für Medien seit 1973. *Die Neuigkeit ans Ende des Satzes*

JÜRGEN HORSCH, Leiter der Nachrichtenredaktion des Norddeutschen Rundfunks in Hamburg. Geboren 1940 in Langenfeld, Volontariat bei dpa, Redakteur in Düsseldorf und Hamburg, Korrespondent in Washington, seit 1983 beim Norddeutschen Rundfunk. *Vorwort, Aufbau der Meldung, Der Leadsatz, Die Eigenrecherche, Tips, Radio-Deutsch, Sechs Sünden gegen die Verständlichkeit, Zeiten und Zeitenfolge, Protokollmeldungen, Bunt ja, aber nicht grell, Dramaturgie einer Nachrichtensendung, ... und nun zum Wetter (und anderem Service), Alarmzentrale Nachrichtenredaktion, Die Agenturen*

THOMAS KROPF, Nachrichtenredakteur beim Schweizer Radio DRS. Geboren 1957 in Zürich, Studium der Germanistik, Geschichte und Pädagogik, Dr. phil., Lokalradio »Thurgau«, Medienausbildungszentrum Luzern, seit 1988 bei Radio DRS. *Sonderfall: Nachrichtenmoderation, Nachrichten in Schlagzeilen, Nachrichten mit O-Tönen (Grundtypen, Der Korrespondentenbericht, Der redaktionelle Beitrag, Das Statement, Das Kurzinterview)*

MICHAEL KUDERNA, Nachrichtenredakteur beim Saarländischen Rundfunk und AP-Korrespondent für das Saarland. Geboren 1952 in Oberammergau, Studium der Germanistik, Geschichte und Sozialkunde, Dr. phil., seit 1983 beim SR. Vorsitzender der Landespressekonferenz Saar. *Ein Blick hinter die Kulissen*

WALTHER VON LA ROCHE, Leiter der Nachrichtenredaktion des Bayerischen Rundfunks. Geboren 1936 in München, Assessorexamen, im BR zunächst freier Reporter, Diskjockey, Redakteur, Leiter des Jugendfunks und danach bis 1978 der Abteilung »Ausbildung und Redaktion Recht«; Dozent für Radiojournalismus und Mitherausgeber des gleichnamigen Handbuches (List-Verlag). *Beim zentralen Begriff bleiben. Andere Trennelemente*

WOLFGANG LUMMA, Abteilungsleiter Nachrichtendienste beim Hessischen Rundfunk. Geboren 1938 in Königsberg, Studium der Soziologie, Philosophie und Germanistik, seit 1966 beim Hessischen Rundfunk. *Pressionen abwehren, Nicht zu viele Zahlen*

BARBARA MIROW, Nachrichtenredakteurin beim Norddeutschen Rundfunk in Hamburg. Geboren 1955 in Bonn, Studium der Germanistik und Philosophie, Volontariat bei der Deutschen Welle, freie Mitarbeiterin bei Rundfunk und Fernsehen, seit 1986 beim Norddeutschen Rundfunk. *Radionachrichten in der Bundesrepublik Deutschland*

JOSEF OHLER, Abteilungsleiter Nachrichten beim Saarländischen Rundfunk. Geboren 1937 in Mainz, Studium der Geschichte und Germanistik, freie Mitarbeit bei Presse und Rundfunk, kurze Zeit Studienreferendar, seit 1964 beim Saarländischen Rundfunk. *Richtschnur: Objektivität, Trennung von Nachricht und Kommentar, Quellenvergleich, Wann Quellen nennen?, »Regierungskreise«, Unter eins, zwei, drei, Zweifelsfälle, Tips, Fachbegriffe und Fremdwörter, Richtiges Deutsch schreiben, Verantwortungsbewußter Sprachgebrauch, Nicht immer die alten Phrasen, Eigene und fremde Aussage unterscheiden, Indirekte Rede, Kleines sprachliches Sündenregister, Besondere Unwörter, Was kann in den Papierkorb?, Zuviel heiße Luft, Themenvielfalt, Die Wirkung bedenken, Rücksicht aufs Programmumfeld, Ortsmarken, Nachrichten mit O-Tönen: Pro und Contra, Agenturkürzel, Nachwort*

WOLF-JÜRGEN RICHTER, bis 1993 Abteilungsleiter Nachrichten beim Süddeutschen Rundfunk. Geboren 1933 in Kamenz, Studium der Theaterwissenschaft und Soziologie, freier Journalist, Redakteur SWF-Studio Mainz, von 1964 an beim SDR. *Nachrichten und Recht, Hilfsmittel des Nachrichtenredakteurs*

DIETZ SCHWIESAU, Abteilungsleiter Nachrichten beim Mitteldeutschen Rundfunk in Leipzig. Geboren 1961 in Haldensleben, Volontariat, Journalistikstudium, Nachrichtenredakteur beim DDR-Rundfunk in Berlin und beim Sachsenradio. *Die Nachricht und ihr Platz im Radio, Aus dem Pressekodex des Deutschen Presserates, Nichts voraussetzen, Nachrichtenauswahl, Nur Negatives?, Notruftelefon, Probleme mit Orts- und Personennamen, Radionachrichten in Deutschland (Weimarer Republik, NS-Zeit, DDR), Nachrichtenradios*

UTA THOFERN, Redaktionsleiterin Nachrichten beim MDR Thüringen. Geboren 1963 in Salzgitter, Studium der Anglistik, Geschichte und Pädagogik, Deutsche Journalistenschule München, RTL Luxemburg, RIAS II Berlin. *Zeitangaben, Immer was Neues?, Anfang und Ende der Sendung, Regionalnachrichten*

PETER ZIEGLER, Abteilungsleiter Kooperation und Programmwirtschaft in der Intendanz des Saarländischen Rundfunks. Geboren 1958 in Mannheim, Studium der Journalistik, Absolvent der Deutschen Journalistenschule, Dr. phil., von 1985-1992 Nachrichtenredakteur bzw. Chef vom Dienst beim HR und SDR. *Zuverlässigkeit geht vor Schnelligkeit*

Register

Abkürzungen 58
Abstumpfung 89, 148
Abwechslung 87, 91, 115
Adelsprädikate 75
Agence France-Presse (AFP) 128 ff.
Agentenkürzel 130
Agitation 139
Akzeptanz 13, 49
Alarm 96
Allgemeiner Deutscher Nachrichten-
 dienst (ADN) 126 ff., 140
All News Stations 12, 145
Alltagssprache 53, 107
Amtsdeutsch 76
Anmoderation 108 f., 111
Ansage 108 f.
Associated Press (AP) 127 ff.
Aufbau der Meldung 23 ff., 108 f.
Aufhänger 42
Aufmacher 79, 82, 92 ff., 95, 99, 118,
 122
Aufmerksamkeit 23, 26, 29, 94, 103,
 107, 133
Aufnahmefähigkeit 27, 45
Ausgewogenheit 15 ff.
Auskunftspflicht 18
Auslandsdienste 126
Auswahl 78 ff., 95, 98, 119, 122, 137,
 146 f.

Banalität 29, 88, 147
Basisdienst 126
Bedeutsamkeit 79
Befragungen 32
Begleitmedium 45
Beitrag, redaktioneller 111 ff
Beleidigung 20
Berufsgeheimnis 21
Beschlagnahmeverbot 19
Beschönigung 67
Beschuldigungen 21
Beschwerden 17
Bestechung 22
Betonung 54
Betroffenheit 81
Bevormundung 14
Bibliothek 123
Bilder 60 f.
Blähstil 65 f.
Blitzmeldung 12, 124, 130
Bunte Meldungen 86

Chef vom Dienst 17, 119

Dauerhörer 90, 94
Dementis 130, 133
Der Drahtlose Dienst (DDD) 137
Deutsche Presse-Agentur (dpa) 125 ff.
Deutscher Depeschen-Dienst (ddp)
 126 ff.
Diffamierung 68
Diskriminierung 22
Distanzierung 72
Doubletten 98
Drahtloser Dienst Aktiengesellschaft
 (Dradag) 33, 45, 136 f.
Dramatik 30, 81, 92
Dramaturgie 93
Dringlichkeitsstufen 130
Durchsuchungsverbot 19

Ehrenkodex 21
Eilmeldung 99 f., 124, 130
Einbau von O-Tönen 113 f.
Eindeutigkeit 79
Einflußnahme 125
Einlesen 97
Einschaltquoten 103
Elite
 – nation 80
 – person 80
Emotionalität 81
Enthüllung 81, 87
Enthüllungsjournalismus 37
Erklärstücke 33
Evangelischer Pressedienst (epd) 129
Exklusivinformationen 40
Exklusivmeldungen 34, 100, 133
Exonyme 73

Fachbegriffe 57 f.
Fairneß 13, 37
Fakten 13, 33, 43 f., 84, 93, 111, 140,
 144
Faktendimensionierung 15
Fehlanzeige 42
Fehler 16, 115
Fetzenjournalismus 147
Format 82, 118
Fortschritt 81
Fremdwörter 57 f., 144
Frequenz 79
Frühnachrichten 91, 99, 118

Gatekeeperforschung 81
Gefahrenmeldungen 96
Gedächtnis 46
Gegendarstellung 19
Gegenlesen 17
Genitivattribute 53
Gerüchte 21
Gesetze 11, 14, 18
Gesprächspartner 115
Gewichtung 95
Glaubwürdigkeit 35, 44
Grundgesetz 18, 123

Hauptwörterei 49, 52 f.
Hintergrund 24 f., 122, 144, 148
Hofberichterstattung 75, 86
Honorare 120

Imperfekt 31 f., 63 f.
Indikativ 62, 75 f., 101
Infinitiv 51, 63
Informanten 19, 37 f., 40, 117
Informations-
– angebot 148
– anspruch 18
– auftrag 18, 88
– bedürfnis 20, 89
– freiheit 18
– interesse 19, 89
– pflicht 22
Integrationsfähigkeit 46
Interview 37, 39, 76, 93, 105, 110, 134
Inversion 29
IPS Dritte Welt Nachrichtenagentur 129

Jingle 106, 118
Jubiläen 82

Katastrophenfälle 97
Katholische Nachrichtenagentur (KNA) 129
Kernaussage 24, 27 f., 32, 120
Klischees 69
Kommentar 14, 23, 125
Kommentierung 15, 69, 105, 116, 133
Konjunktiv 51, 71, 75
Konsonanz 80
Kontinuität 89, 91, 147
Korrespondenten 19, 39, 104, 108, 110 ff., 116, 124 ff.
Korrespondentenbericht 110 ff.
Kritik 13, 17, 86, 144, 146 f.
Kuriositäten 83
Kurzinterview 115

Kurznachrichen 91

Landesdienst 117, 126
Leadsatz 23 ff., 41, 46 ff., 56, 64, 75, 91 f., 98, 106
Lenkung 140
Linearität 26
Lokalnachrichten 119 ff., 131, 137
Lottozahlen 96, 132

Magazinsendungen 94
Manipulation 13 f.
Massenbeeinflussungsinstrument 138
Medienjargon 66
Meinungen 13, 15, 31, 70 f., 84, 93, 142 f.
Metaphern 70
Minderheitenanspruch 16
Mischen 118
Moderator 103, 108 f.
Modewörter 71
Multiplikationseffekt 89
Musik 144 f.
Musikbett 101, 106

Nachrichten
– agenturen 124 ff.
– definitionen 11
– flut 98, 149
– forscher 11, 79, 81
– geschichte 136 ff.
– grundsätze 11, 15, 21, 125
– interesse 12, 18, 32, 82, 85, 93, 95 f., 120 f., 122, 134, 137
– kodex 14
– lage 98
– magazine 110
– moderation 108 f., 111
– radio 145
– sendung 15, 78 ff., 117, 122
– sperre 89
– sprache 45 ff., 108
– sprecher 53 ff., 108, 100, 110 ff.
– struktur 23
– tradition 15
– werte 79 ff., 86
Namen von Tätern und Opfern 21
Nähe 81
Nebensatz 27, 46 ff.
Negativität 80, 89 f., 147
Neologismen 70
Neuigkeitswert 84, 88 f.
Neutralität 14, 69
News-Bias-Forschung 81
Nominalstil 49, 52 f.

Register

Notruftelefon 56
Nutzen 81

Objektivität 11, 13 ff., 68, 88, 116, 136, 138
Öffentlich-rechtlicher Rundfunk 126, 143 ff.
Ordnungsprinzip 26
Orientierungshilfen 92
Ortsangaben 104
Ortsmarken 103 f.
Ortsnamen 56, 69, 73, 76
O-Ton (Originalton) 110 ff.
O-Ton-Nachrichten 91, 110 ff., 144

Parlamentsberichterstattung 42, 112, 127
Parteinahme 15, 67 f., 72
Partizip 50 f.
Partizipialkonstruktion 30, 50
Passiv 51 f.
Perfekt 31, 63 f.
Personalisierung 80
Personenkult 144
Personennamen 73 f.
Phrasen 66, 69, 147
Plazierung 94, 118, 122
Plural 60
Präpositionalkonstruktionen 53
Präsentation 101 ff.
Pressefreiheit 18
Pressekodex 21 f.
Pressionen 17, 120, 131
Prime time 91
Privatradios 126, 144
Programm
 – grundsätze 11
 – hinweise 103
 – umfeld 94 f.
Propaganda 14, 125, 137, 139
Protokollmeldungen 85 f.
Pseudo
 – ereignisse 84
 – nachrichten 82

Quellen 18 f., 24, 33 ff., 39, 98, 124 f., 140

Radio-Deutsch 45 ff.
Rangfolge 93
Recherche 34, 38, 97, 117, 134
Recht 17 ff.
Redakteursnamen 102 ff.
Rede
 – direkte 61
 – indirekte 60 f., 71 f., 112
Regionalnachrichten 117 ff., 131, 139
Reichs-Rundfunk-Gesellschaft 137
Reihenfolge 25 f., 29, 49, 137
Reporterbericht 110
Reuters 128 ff.
Rituale 82
R-Ton (redaktioneller O-Ton) 111 f.

Sachkompetenz 85
Satz
 – klammern 49
 – länge 27, 44, 46 f.
Schablone 81, 146
Schachtelsatz 50
Schadenersatz 20
Schlagzeilen 91, 98, 101, 105 ff., 110 f.
Schnelligkeit 16 f., 45, 69, 97 f.
Schwellenfaktor 79
Selbstzensur 18
Senderkennung 101 f.
Sensation 22, 44
Sensationsgier 87
Serienmeldungen 84
Service 95 f., 101, 103, 143
Singular 60
Sinnkern 54 f.
Smogmeldungen 96
Sorgfalt 11, 16, 19, 21
Sounder 101 f.
Spekulationen 28
Sperrfristen 134 f.
Spezialisierung 119
Spezialnachrichten 117
Sport 121 f., 137, 144
Sport-Informationsdienst (sid) 129
Sprach
 – ebene 76
 – fluß 47
 – gebrauch 65 f.
 – raum 74
Sprech
 – form 107
 – probe 44
 – tempo 53
 – weise 29
Statement 110, 112 f.
Stationsansage 142
Stereotypie 146
Stichwort 105, 118
Stinger 106
Strafrecht 19
Suchmeldungen 96
Sündenregister 75 ff.
Superlativismus 81

Tatsachenbehauptungen 19, 71
Tendern 118
Themen
– auswahl 92
– karriere 92
– marke 106 f.
– übersicht 101 f.
– vielfalt 87 f.
Titel 31
Trennelemente 105
Trennen 118

Überblicksendungen 91
Übertreibung 44
Überzeugung 85
Üble Nachrede 20
Umfragen 12, 121
Umgangssprache 63
Unabhängigkeit 11, 125 ff.
Unglücksmeldungen 36, 82
Unparteilichkeit 13, 15, 85, 126
Unwörter 65, 77

Varianzwörter 55 f.
Verantwortung 35, 89, 97
Verdächtigungen 20
Vereinigte Wirtschaftsdienste (VWD) 129
Vergessen 12, 103
Verkehrsfunk 39, 96, 101
Verlautbarungsrecht 96
Verleumdung 20
Vermutungen 21
Verständlichkeit 23, 33, 47 ff., 58, 65, 106, 116, 130, 144
Verständnishilfe 25, 32, 65
Verstehen 32, 45, 53

Vertrauen 16, 19, 40
Verunglimpfung 20
Volksverhetzung 20
Vorabmaterial 39, 133 f.
Vorausmeldungen 99
Vorurteile 11, 22

Wahlergebnisse 59
Wahrheit 11, 19, 21, 139
Warnmeldungen 96
Wasserstandsvorhersagen 96
Wertung 15, 28, 69
Wetterbericht 95, 101, 137, 141
W-Fragen 24
Wiederholung 37, 67, 75, 90 ff., 103, 106, 146
Wirklichkeit 146
Wirkung 40, 88 f., 141
Wissenslücken 57

Zahlen 35 f., 59 f., 92
Zeit
– angaben 40 f.
– ansage 101 f., 108 f.
Zeitenfolge 63 f.
Zeitform 63, 107
Zeitungsperspektive 43
Zeitzeichen 101
Zensur 18, 140
Zeugnisverweigerungsrecht 19, 21
Zitieren 43 f., 112, 115
Zusammenfassung 37, 94, 103 f.
Zuverlässigkeit 16 f., 36 f., 98
Zweierpräsentation 108
Zweifelsfälle 35, 69, 75, 130
Zynismus 82, 148

List Journalistische Praxis

Walther von La Roche

Einführung in den praktischen Journalismus

Mit genauer Beschreibung aller Ausbildungswege
Deutschland, Österreich, Schweiz

252 Seiten, Paperback

Die Tätigkeiten des Journalisten – Die Arbeitsfelder des Journalisten – Wie der Journalist zu seiner Story kommt – Informierende Darstellungsformen: Nachricht, Bericht, Reportage, Feature, Interview und Umfrage, Korrespondentenbericht und analysierender Beitrag – Meinungsäußernde Darstellungsformen: Kommentar, Glosse, Kritik und Rezension – Rechtsfragen der journalistischen Praxis – Pressekodex. Das Volontariat – Kurse für Volontäre – Studienbegleitende Journalistenausbildung – Journalistik als Nebenfach – Aufbaustudiengänge – Studiengänge Journalistik – Film- und Fernsehakademien – Publizistik- und Kommunikationswissenschaft – Sonstige Ausbildungsstätten – Journalistenausbildung, do it yourself – Österreich – Deutschsprachige Schweiz

»Ein Lehrbuch, das Volontären, Jungredakteuren und Ausbildern in den Redaktionen nachdrücklich empfohlen werden kann.«
Journalist

List Verlag München · Leipzig

List Journalistische Praxis

Walther von La Roche/Axel Buchholz (Hrsg.)

Radio-Journalismus

Ein Handbuch für Ausbildung und Praxis im Hörfunk

428 Seiten, Paperback

....

Radio-Journalist werden
Die Radio-Landschaft
Darstellungs- und Sendeformen: u.a. Magazin und Moderation –
Fürs Hören schreiben – Nachrichten-Präsentation
– Bericht mit O-Ton – Interview,
Reportage, Umfrage – Diskussion – Feature – Jingle, Trailer, Collage
Ideen für hörernahes Radio
Hörer am Studio-Telefon
Das Selbstfahrer-Sendestudio
Bänder schneiden
Fachsprache im Studio
Medienrecht für Radioleute
Honorare
Ausbildung in Deutschland, Österreich und der Schweiz

List Verlag München · Leipzig

List Journalistische Praxis

Beifuß/Evers/Rauch u. a.

Bildjournalismus

Ein Handbuch für Ausbildung und Praxis
2., völlig neu bearbeitete Auflage 1993
Herausgegeben von Rolf Sachsse
ca. 248 Seiten, ca. 75 Abbildungen, Paperback

Teil 1: Der Beruf

Der Bildjournalist und seine Medien – Aus-, Fort- und Weiterbildung – Reden wir vom Geschäft – Fotorecht – Berufsethik – Presseausweis, Passierschein, Presseschild – Bildjournalist und Polizei – Berufsorganisationen – Wettbewerbe und Preise

Teil 2: Das Bild

Was macht ein Foto zum Pressefoto? Bildjournalistische Darstellungsformen – Tips für die Technik – Von der Grundausstattung zur Komplettausrüstung – Aufträge vorbereiten – Aufmachung und Layout – Bildauswahl – Bildschnitt – Berechnung der Bildgröße – Bildunterschrift – Anhang

Anhang:

Pressekodex – Tarifvertrag – Standard-Vertrag Bild-Agenturen – Mustervertrag, Allgemeine Geschäftsbedingungen und Modell-Buchungsreglement des Bundes Freischaffender Foto-Designer

List Verlag München · Leipzig

List Journalistische Praxis

Gerhard Schult/Axel Buchholz (Hrsg.)

Fernseh-Journalismus

Ein Handbuch für Ausbildung und Praxis

440 Seiten. Paperback

Optisches Berichten: u.a. In Bildern erzählen –
Bildsprache – Bildaufbau – Bildschnitt
Licht – Ton
Treatment – Filmplan – Storyboard – Drehablaufplan –
Drehbuch-Texten
Für das Fernsehen sprechen
Mit EB arbeiten – Mit Film arbeiten
Elektronische Tricks – Filmtricks
Darstellungs- und Sendeformen, u.a. Moderationstips
von Hans Joachim Friedrichs
Ausbildung beim öffentlich-rechtlichen Rundfunk und
beim Privatfernsehen – Anschriften

List Verlag München · Leipzig

List Journalistische Praxis

Cornelia Bolesch (Hrsg.)
Dokumentarisches Fernsehen
Ein Werkstattbericht in 48 Porträts
240 Seiten, Paperback

....

Das Buch vermittelt die unterschiedlichen Stile und Methoden dokumentarischen Arbeitens. Es wendet sich besonders an Leser, die den Berufswunsch Dokumentarfilmer und Fernsehjournalist haben.
Bei der Auswahl der 48 Porträts arrivierter ebenso wie junger Dokumentarfilmer wurde der Begriff »dokumentarisch« weit gefaßt: Der klassische beobachtende Dokumentarfilm zählt dazu, aber z.B. auch die Spielarten des aktuellen investigativen Journalismus.
Im Kapitel »Wege in den Beruf« werden auch die Fernseh-Hochschulen in München, Berlin und Potsdam-Babelsberg vorgestellt.

List Verlag München · Leipzig

List Journalistische Praxis

Syd Field, Peter Märthesheimer,
Wolfgang Längsfeld u.a.

Drehbuchschreiben für Fernsehen und Film

Ein Handbuch für Ausbildung und Praxis

240 Seiten, Paperback

....

Syd Field:
Das Drehbuch – Der Stoff – Die Figuren –
Wie man eine Figur entwickelt –
Schlüsse und Anfänge –
Die Szene – Die Sequenz – Der Plot Point –
Die Form des Drehbuchs

Wolfgang Längsfeld:
Übungen für Anfänger

Martin Wiebel:
Tips aus der Fernseh-Dramaturgie

Peter Märthesheimer:
»Deutschlandlied« – Präsentation eines Projekts

Werner Kließ:
Die Fernseh-Serie

Gunther Witte:
Arbeitsfelder für Autoren

Heinz Ungureit:
Nach Qualität des Populären streben

Margarete Deiseroth-Gores:
Geld und Recht

Andreas Meyer:
Aus- und Fortbildung für Drehbuchautoren
Drehbuchförderung Deutschland/Österreich/Schweiz

List Verlag München · Leipzig

List Journalistische Praxis

Wolf Schneider/Detlef Esslinger
Die Überschrift
Sachzwänge – Fallstricke – Versuchungen – Rezepte
160 Seiten, Paperback

Die Überschrift ist die Nachricht über der Nachricht. Nirgendwo sonst im Journalismus drängen sich so viele Fragen in so wenigen Wörtern zusammen: Was eigentlich ist die Kernaussage des Beitrags? Wie läßt sie sich in 30 oder 40 Anschläge fassen, sprachlich sauber und bei alldem auch noch interessant?

Michael Meissner
Zeitungsgestaltung
Typografie, Satz und Druck, Layout und Umbruch
270 Seiten, Paperback

Auch der beste Text kommt beim Leser noch besser an, wenn er gut präsentiert wird. Der Journalist sollte also Bescheid wissen über Schriftarten, Auszeichnungsregeln und Umbruchprinzipien, Satztechniken und Druckverfahren.

List Verlag München · Leipzig

List Journalistische Praxis

Dieter Heß (Hrsg.)
Kulturjournalismus
Ein Handbuch für Ausbildung und Praxis
235 Seiten, Paperback

Literaturkritik – Theaterkritik – Filmkritik –
Musikkritik – Kunstkritik – Medienkritik –
Kritik der politischen Kultur – Das Porträt –
Der Essay – Berufsfelder – Ausbildungswege –
Arbeitsmittel – Berufsalternativen

Stephan Ruß-Mohl/Heinz D. Stuckmann (Hrsg.)
Wirtschaftsjournalismus
Ein Handbuch für Ausbildung und Praxis
295 Seiten, Paperback

Medien und Märkte – Zur Kritik des Wirtschaftsjournalismus –
Arbeitsmittel und Recherchewege – Auswahl und Darstellung –
Medienspezifische Präsentation – Arbeitssituationen,
Berufsethik – Zukunftsperspektiven und Spezialisierungsfelder –
Orientierungshilfen

Stephan Ruß-Mohl (Hrsg.)
Wissenschaftsjournalismus
Ein Handbuch für Ausbildung und Praxis
ca. 290 Seiten, Paperback
Neuauflage in Vorbereitung

List Verlag München · Leipzig